« Le ventre vide,
le froid autour »

Groupe Eyrolles
61, bd Saint-Germain
75240 Paris cedex 05

www.editions-eyrolles.com

Également dans la collection « Histoires de vie » :

Mary Genty, « *Non, je ne suis pas à toi* »

Dany Salomé, « *Je suis né ni fille ni garçon* »

Pauline Aymard, « *Elle s'appelait Victoire* »

Avec la collaboration de Cécile Potel

© Groupe Eyrolles, 2011
ISBN : 978-2-212-55161-7

Histoires de vie

Les filles du calvaire

« Le ventre vide, le froid autour »

EYROLLES

À Angie,

À Elen, Éliane et Lætitia,

À ces regards qui nous portent, aux élans d'amour,

À ces familles de cœur ou de sang,

*À celles et ceux qui auraient pu accrocher
leurs mots aux nôtres.*

À ces anges qui nous éclairent et veillent sur nos jours.

À toutes les petites mains qui se joignent à notre combat,

*Au quotidien, pour l'ouverture de nouvelles
perspectives de soins.*

Remerciements

Nous tenons à remercier notre éditrice, Stéphanie Ricordel, qui nous a accordé sa confiance et nous a permis de faire entendre notre message, Cécile Potel pour sa patience et ses remarques avisées ainsi que Delphine Mozin pour sa présence, ses conseils et son indéfectible soutien.

Préface
de Virginie Megglé

Être anorexique : désir de mort ou affirmation vitale ?

Bouleversant et magnifique ! Dès la première ligne de l'introduction, on sent ce recueil porté par une nécessité vitale. Aucun mot n'est en trop, chacun a bien sa place, et cette préci sion donne un caractère musical à l'écrit. Cinq jeunes filles y parlent comme d'une seule voix ; la trame du chœur qu'elles nous offrent est cependant complexe, en effet, chacune a son histoire… Mais ce qui frappe d'abord, c'est une volonté d'harmonie d'autant plus ravissante qu'elle doit rendre compte avec amour et humour, intelligence et opiniâtreté, d'une expérience douloureuse.

Qu'elles se soient rassemblées pour donner jour à ce projet n'est pas anodin : l'anorexie dit à la fois la difficulté et la nécessité d'apprendre à vivre (écrire, jouer, créer) avec les autres, parmi les autres, quand on s'est senti très vite, on ne sait pourquoi, différente.

Quand Aurore se dit « étrangère en ce monde », Véronique « diminuée de ne pas connaître les codes de tout le monde », ou qu'Anne-Laure évoque sa prison, comment ne pas entendre leur désir de participer à un monde dont elles se sentent exclues ? L'enfant, qui ne trouve pas sa place, cherche comment la conquérir. Parfois il arrive qu'il n'en ressente pas le droit, il s'interroge alors sur sa légitimité. Mal à l'aise dans son corps, s'il aspire à en sortir, c'est pour mieux y revenir. La volonté de contrôler son appétit fait partie d'un tel processus.

Il existe autant d'anorexies que de personnes qui en souffrent, cependant une certaine parenté caractérise ces récits. Que les mots de chacune diffèrent ne les empêche d'exprimer toutes une indicible souffrance, assortie de l'urgente nécessité de briser le silence.

« Mieux vaut se sentir exister à travers une douleur que ne pas se sentir exister du tout[1] », « Mes douleurs tiennent toujours de l'indicible [...] Peu croient à mes tourments sans la trace tangible des os à la surface de la peau[2] »... À travers ces paroles, on comprendra que l'anorexie s'est imposée à ces jeunes filles comme l'ultime espoir d'échapper enfin au silence.

Et quand « le silence, (...) maître mot d'un abus, (...) a régné tant qu'il a pu[3] », on comprend que la soif de liberté insuffle au corps le désir de s'envoler, et on accepte mieux leur besoin de légèreté !

Comprenons ici qu'il s'agit plus du *désir de faire disparaître la douleur* et *ce qui la provoque*, quand elle se fait intenable, que de disparaître.

---

1. Véronique.
2. Anne-Laure.
3. Claire.

Qu'elles se soient senties à un moment de leur histoire « trop lourdes[1] » ou illégitimes, qu'elles aient aspiré à la transparence, à l'immatérialité ou à l'envie de ne plus peser sur personne, a participé nous le verrons à leur effacement progressif ; mais pourtant, celui-ci, avec l'amaigrissement effrayant qui le caractérise, fut pour elles avant tout, et c'est ainsi que j'invite le lecteur à l'entendre, un acte vital, la meilleure, la seule façon de se « sauver »… La dernière chance de s'affirmer. L'évidente sincérité qui se dégage des témoignages interdit d'en douter.

« L'anorexie, mon point d'ancrage, mon retrait du monde, plus que vital.[2] », « je pense encore, malgré tout ça, que l'anorexie me tient debout[3] » et encore « mon anorexie, ma soupape de sécurité, mon issue de secours[4] » expriment particulièrement bien ce trait commun à toute personne, homme ou femme, souffrant de ce trouble.

Portées par un désir de justesse et de vérité, elles ont aussi en commun une attraction naturelle et irrésistible pour l'humour, la pudeur, l'autodérision, autrement dit, une véritable spiritualité qui rend les tragédies qu'elles ont vécues plaisantes à lire ! Le plus aimable moyen de s'affirmer vivantes s'avère pour elles l'exaltation de la légèreté et de la transparence. Autant les choisir en attendant de faire le poids !

---

1. Véronique.
2. Aurore.
3. *Ibid.*
4. *Ibid.*

Combat pour la vie, au risque de la mort

Et pourtant, cette élégante façon d'exprimer aujourd'hui ce qui était indicible hier relève d'un véritable combat.

L'anorexie, ces magnifiques témoignages en rendent merveilleusement bien compte, n'est pas une question de grammes, mais un désir de vie, acculé à un moment de l'histoire personnelle, à combattre avec la mort ! Du combat, il en est question tout au long du livre. L'anorexie – même s'il n'est pas coutume de le dire – est une lutte « pour la vie », elle vise depuis l'inconscient à protéger ce qui se dit du *désir de vivre*, face à un *ennemi intériorisé*, insaisissable. Non, il ne s'agit pas de paranoïa, mais d'hypersensibilité native en prise directe sur l'inconscient, personnel et familial. C'est à l'écoute de celui-ci qu'elle nous invite.

Bataille, lutte, guerre, compétition, victoire, défaite, les termes évoquant le combat foisonnent dans ce recueil. Combat pour survivre au sentiment d'exclusion, pour résister à l'insécurité et au sentiment d'abandon[1], combat sous forme de compétition dans la fratrie, combat vital qui ne va pas sans culpabilité. Celle-ci venant remettre en cause la légitimité non pas de leur existence mais de leur désir de vivre en dépit d'une infinie douleur.

Chacune à sa façon l'affirme : elles se sentent coupables d'un crime qu'elles n'ont pas commis – « qu'il (…) revienne et me pardonne de cette erreur qui est pourtant la sienne[2] ». Coupables *de*

---

1. Sur ces points particuliers, voir les ouvrages de la préfacière : *Couper le cordon*, Eyrolles, 2010 et *Face à l'anorexie*, Eyrolles, 2006.
2. Lucie.

se faire mal ou de *s'être laissée faire*, coupables d'avoir été victimes et d'aspirer à cesser de l'être, coupables de s'entêter à vivre.

A-t-on le droit de souffrir ? C'est en reconnaissant cette souffrance jusque-là interdite d'expression que nous permettrons aux personnes qui souffrent d'anorexie de regagner le goût de vivre.

Survivre en attendant de vivre, survivre pour se préparer à vivre, ainsi peut se lire l'anorexie. « J'ai eu le sentiment qu'il s'agissait pour moi de maigrir ou de mourir (…), puis de vaincre l'anorexie ou de mourir (…) et enfin de savoir vivre ou de mourir. Avec les années, j'ai saisi qu'avec l'anorexie, je ne cherchais pas à mourir, mais à renaître et vivre autrement »[1].

Question de vie et de mort… C'est cette question à double tranchant qu'à leur corps défendant elles mettent en scène à force de contradiction, paradoxe, ambiguïté, conflit, dualité… Maigrir alors est une façon d'échapper aux regards pour les réactiver autrement…

Une fragilité réelle

Humour et autodénigrement, lucidité et autodérision, tels la politesse du désespoir, forment un voile pudique destiné à compenser le sentiment d'insécurité profondément ancré chez toutes personnes qui s'affirment en dernier recours par l'anorexie…

Précocité apparente ou pseudo-maturité en sont l'expression, là aussi paradoxale : en effet, il est urgent de grandir quand on se sent infiniment – excessivement – petit pour faire face à

____

1. Anne-Laure.

une situation qui nous dépasse. Toute l'énergie créatrice est mobilisée au service de la survie. Quand l'enfant est précoce, c'est par nécessité vitale ! Au-delà des apparences, derrière cette grâce, ce combat, cet humour, ce sens de l'autodérision, derrière cette aspiration à l'excellence, cette débrouillardise, se cache un profond désamour de soi, qui dénote ce que nous appelons en jargon psychanalytique une faille narcissique.

L'amour est la première des nourritures qu'aucun poison ne devrait démentir…

Ces personnes n'ont pu « capitaliser » le sentiment réconfortant d'être aimables : soit qu'elles n'ont pu être aimées – pour des raisons complexes que la psychanalyse, entre autres, permet de comprendre – comme elles auraient eu *besoin* de l'être, soit que l'amour qu'elles ont reçu a été aussitôt démenti par un geste de non-amour. « Moi aussi j'ai fini par me détester », « Je me haïssais profondément. Je m'accusais de ne jamais être à la hauteur de ce qu'ils attendaient. »

Elles ont incorporé un sentiment de soi négatif qui les discrédite : « Vicieuse, lâche, peu glorieux, faible, ridicule, grotesque » sont autant de termes destinés à nous faire accepter cette évidence. Comment s'aimer soi-même lorsque l'on ne se sent pas accepté ? Comment apprendre à se respecter malgré la souffrance ?

L'enfant « sage et facile », la fille « prétendument intelligente », « l'enfant parfaite », racontent cette dépréciation qui confine à la haine de soi. Seul soutien ici envisageable lorsque la fragilité menace d'effondrement, la malnutrition devient la métaphore de l'amour mis à mal par une dévorante culpabilité.

Les compliments et les éloges ne suffiront jamais à combler le manque d'amour. Il s'agit de vraiment se construire ! S'affamer, ne pas manger, pour survivre, au risque d'en mourir, s'impose pour regagner, à la source, le désir de vivre, comme lorsque nous étions tout petit, petit bébé ; mais cette régression passe par une re-fragilisation qui affecte l'image (inconsciente) de soi.

Le narcissisme est la base indispensable à une saine structuration de la personnalité ; quand il est défaillant, il hypothèque ce processus vital si bien nommé par Jung : l'individuation. Autrement dit, l'acte de devenir soi.

Seul un amour de soi serein car en accord avec les lois universelles engendre la sécurité affective. Conférant une conscience de soi infaillible et valorisante, il permet d'aborder le monde extérieur en confiance sans (plus) douter de la légitimité de son existence.

Entendons ce non-amour de soi, que toutes expriment, comme la volonté farouche de s'aimer enfin !

Avec ce livre, elles ouvrent une porte sur l'extérieur. Un tel talent pour se décrire à travers un mal de vivre laisse présumer qu'elles commencent à s'aimer. Irréductible à l'apparence physique, l'anorexie est moins une maladie qu'un mal à (se) dire. On peut les féliciter de s'être données les moyens de le surmonter.

Après le vide, la vie

Entre appel au secours et véritable message d'amour, l'anorexie nous concerne toutes et tous, son éclosion, paradoxalement, est le début d'une guérison possible.

Puisse ce recueil encourager le lecteur à poser un regard bienveillant sur ce mal indéfinissable et ouvrir au-delà une véritable réflexion sur le sujet.

Ces jeunes filles, en affirmant leur pouvoir créateur singulier inaugurent une façon de vivre et de résonner ensemble tout en affirmant chacune sa différence !

Une tragédie semblable les habite ; elles s'en délivrent chacune à leur manière sur le papier.

Gageons que leur parole non seulement autorisera les lectrices et les lecteurs à mieux comprendre l'anorexie mais aussi à se sentir renforcés par ce message vivifiant qui réconcilie avec la vie.

Leurs mots sont porteurs de cette intime vérité qui confère à leur message un caractère universel. Chacun de nous se sent concerné. Puisse ce livre rendre à ces jeunes filles un peu de la beauté qui leur avait été dérobée !

Il nous renseigne autant sur nous que sur elles : on comprend en le refermant pourquoi l'anorexie fascine. Réelle difficulté à devenir qui se traduit dans la douleur par de l'autodestruction, elle est l'expression désespérée d'un principe créateur interrompu. Ces beaux témoignages en réactivant ce processus remettent la création à l'honneur.

Merci à elles, d'oser se livrer en bravant leur timidité pour mettre en mots une douleur qu'elles avaient mis tant d'énergie à dissimuler… Pour ne pas déranger.

Non seulement on peut survivre à l'anorexie, mais l'épreuve qu'elle représente nous enrichit.

La guérison n'est pas une affaire de poids : « Ce qui me permet à présent d'avoir envie de me lever le matin, ce ne sont pas les quelques kilos en plus, mais mon travail, (…) ceux que j'aime à mes côtés »[1], « la réponse d'une prochaine guérison n'est pas dans tout cela mais, autour de moi, dans cette vie que je vois s'agiter depuis ma fenêtre, et dans ces mots-là peut-être[2] ».

À travers leur expérience de la faim contrariée, à travers leur mise en mots d'un énigmatique mal-être, ces jeunes femmes nous exhortent à prendre en compte ce qui nous déconcerte et nous trouble : la quête de vide révèle alors… Une quête de vie.

Pourquoi ne pas envisager l'anorexie comme un principe de renaissance répondant aux lois de *la restauration* ? Un travail de longue haleine, qui doit prendre en compte toutes les subtiles sensations d'un nouveau-né qui par mégarde auraient été un jour négligées.

Remercions l'éditeur d'avoir porté leur témoignage à la connaissance du grand public. Prendre le temps d'écouter ce qui se trame au-delà de l'apparence permet de commencer à comprendre ce que symptôme « veut dire ».

Virginie Megglé, psychanalyste.

---

1. Claire
2. Lucie.

Introduction

Il y a près de cinq ans, dans la cour d'un hôpital, les prémices de cet ouvrage ont vu le jour. Poussées par un élan de rage, tenaillées par un besoin d'être réellement entendues, deux amies ont eu l'idée de ce livre à plusieurs plumes. Aujourd'hui, une des deux jeunes femmes à l'origine de ce projet n'est plus là, emportée par un arrêt cardiaque des suites de la maladie. La seconde a décidé de donner corps à ce qui leur tenait alors tant à cœur. Une manière de lui rendre hommage, de l'inclure dans cette bataille que nous menons aujourd'hui sans elle. Ce recueil est le fruit de rencontres ultérieures, de chemins qui se frôlent sans hasard dans les couloirs d'un hôpital, au travers des lignes d'un blog puis dans un café autour duquel se sont nouées de profondes amitiés. Le désir d'un ouvrage proposant une multiplicité de voix a été partagé, débattu puis tenté.

Certes, il existe bien des témoignages sur l'anorexie et la boulimie, mais nous voulions l'aborder différemment. Réunir plusieurs voix, plusieurs histoires dans un même livre nous permet d'en esquisser les insaisissables contours, de briser les chaînes d'un témoignage unique dans lequel l'identification n'est pas toujours possible. *Le ventre vide, le froid autour* est donc né de la volonté de dire la complexité des troubles alimentaires, leur diversité, de dépasser les clichés qui découlent du visible.

Cinq jeunes femmes et cinq voix, cinq chemins qui ont croisé celui de l'anorexie et qui s'entremêlent ici pour faire sens, pour partager un échantillon de nos existences habitées par ce trouble indéfinissable. D'âges, d'origines, de parcours et d'univers différents, nous avons choisi d'unir ces fragments de nos vies pour crier et partager nos vérités, pour enfin clamer librement la réalité de nos anorexies.

Dans l'introspection que nécessite l'écriture de soi, sur la faille ultime, nous nous sommes rassemblées et soutenues. Déterminées, décidées à mener ce projet à son terme, nous avons choisi de ne céder à aucun compromis, à aucune concession. Il s'agissait avant tout de raconter nos anorexies, sans exhibitionnisme et loin des faux-semblants qui nous stigmatisent, parfois à tort. Déjà enfermées dans nos troubles, notre libre expression était l'oxygène nécessaire pour mettre en mots ce carcan alimentaire.

Nous ne sommes ni des anorexiques ni des boulimiques. Jeûner, manger, vomir, courir, tricher, s'abîmer ne peut ni ne doit réduire les cinq femmes que nous sommes à l'impossibilité de nous nourrir ou au trop-plein sans satiété, et ce, même si la maladie fait partie de nous, de notre parcours de vie, de notre quotidien ou de notre passé. Elle n'est que le symptôme de nos silences. À ceux qui se battent à nos côtés nous avons voulu donner quelques clés. À ceux qui nous réduisent à cela nous avons voulu répondre. À celles qui vivent avec ces troubles et à ceux qui les subissent nous avons voulu tendre la main, donner de la voix, rendre une place et peut-être transmettre de l'espoir.

Lucie

*« C'est le silence qui sonne comme un vieux coup-de-poing
C'est fou ce que ça résonne, quand il ne reste plus rien
Mais qu'est-ce qui fait que l'on décline, que plus rien ne tient
Que la pente s'incline un peu plus chaque matin. »*

Da Silva

J'ai fréquenté les hôpitaux de jour, les services d'endocrino-logie et de psychiatrie, les maisons des adolescents, les cliniques et les associations. J'ai rencontré des médecins, des psychiatres, des psychologues, des éducateurs, des infirmiers et des diététiciens. J'ai essayé les contrats de poids, la sonde nasogastrique, l'hypnose, la balnéothérapie, les groupes de parole et autres fantaisies médicales. Dix ans après, je suis toujours anorexique, anorexique boulimique, pardon. Ce n'est pas faute d'avoir voulu changer. Mais si tout au long de mon parcours, j'ai croisé des anorexiques qui se relevaient de la maladie grâce à une ou plusieurs méthodes de cette palette médicale, je sais que, pour moi, la réponse d'une prochaine guérison n'est pas dans tout cela, mais autour de moi, dans cette vie que je vois s'agiter depuis ma fenêtre, et dans ces mots-là peut-être.

Mon histoire est celle d'une fille en colère et qui se punit pour cela. Celle d'une victime muette cachée dans l'ombre d'une ostensible coupable. Je suis une enfant des années 80 née de parents déracinés, d'une mère allemande, juive reconvertie par la force de l'histoire, d'un père gitan sédentarisé, pris d'un élan de conformisme. Je suis l'accident d'un couple à la dérive : une enfant parmi les autres. Je suis la fille d'un père qui a dérapé, n'ayant pas su rester à sa place, d'une mère assommée d'un chagrin que je ne comprendrai peut-être jamais. Je suis issue de ces familles qui composent et se recomposent, d'une fratrie de sept enfants éparpillés entre différents parents et séparés avec le temps. Je suis le fruit d'une enfance douce et paisible dans un coin de Provence, où le mistral a nourri la violence de nos coups de sang.

La roue tourne, dit-on, mais je n'imaginais pas qu'en si peu de temps, l'ordre établi pouvait s'écrouler ainsi.

✳ ✳ ✳

Le format standard de notre famille était proche de la caricature. Mon père travaillait avec acharnement au rayonnement de son restaurant étoilé. Ma mère, elle, s'occupait de l'éducation des deux petites dernières, Pauline et moi, partageant son temps libre entre les associations de parents d'élèves et ses missions de catéchèse. Marc, le fils de notre père, vivait avec nous, alors que sa sœur aînée, elle, avait déjà pris le chemin de l'université.

L'école, les activités et la vie de la paroisse réglaient notre quotidien au métronome. Au sens propre comme au figuré,

Pauline et moi étions de vraies enfants de chœur. Nous étions programmées pour briller dans les tâches qui nous étaient assignées. Obsession de performance. Il fallait dépasser les limites de nos âges respectifs. Pauline était la belle, moi la surdouée. Elle serait la cavalière, moi la danseuse. Notre mère l'avait décidé ainsi. Nos ambitions se devaient d'être différentes avec la rigueur comme credo. On nous avait attribué des qualités, des compétences à développer, des passions à entretenir, des couleurs à porter. L'une avait toujours ce que l'autre ne pouvait avoir. La compétition fut rude. Avec nos quinze mois d'écart, nous nous sommes mené une guerre sans merci. Qu'importe le prix à payer, celui qui était à gagner valait tous les sacrifices : l'amour maternel. Mon père, lui, était conquis d'avance.

Je ne reconnais pas cette petite fille sur les photos. Elle semble loin déjà. Seuls les cernes de l'enfant qui ne voulait pas « perdre de temps à dormir » font écho à la jeune femme que je croise dans le miroir aujourd'hui. Ma mère se plaît à raconter que j'étais promise à un bel avenir. J'étais, paraît-il, facétieuse. Ainsi, ma peur bleue des clowns ne fut jamais prise au sérieux ; j'en étais un moi-même. Ma présence devait être divertissante dans le cercle familial et intéressante dans un univers plus étendu. La curiosité était un devoir, au même titre que l'excellence. Ces exigences me semblaient évidentes : on ne voulait que mon bien, j'en étais convaincue.

À tel point que, le jour où ma mère a quitté mon père, je l'ai suivie. Ils ne s'aimaient plus, nous l'avions toujours su. La façade familiale s'est écroulée sans dommages. J'ai pris ce nouveau départ à ses côtés sans réfléchir. Mon accord, peut-être, aura facilité sa fuite. D'un club des cinq à un autre. Un homme avait remplacé mon père. Emma et Antoine avaient pris la place de Pauline et Marc. Mais c'était un faux départ.

De mon onzième printemps, je n'ai qu'un vague souvenir, celui d'un trajet en voiture, d'un retour en arrière. Le soleil brûlait mon bras accoudé à la fenêtre. Ma mère me conduisait en direction de l'aéroport, quelques semaines seulement après le début de notre nouvelle vie. Il y avait comme un malaise, une angoisse palpable. Son regard éteint, fixé sur la route, prêt à laisser s'échapper quelques larmes. Je n'ai rien dit, mais à cet instant, j'ai compris qu'elle avait un secret, que me renvoyer sur le continent chez mon père, c'était compter que la distance l'aiderait à se cacher. Je regardais les paysages défiler, les yeux plissés par l'air marin qui me fouettait le visage. Terminal 1. Elle m'a laissée là, dans ce hall d'aéroport, avec une vulgaire promesse de retrouvailles. La souffrance est une métamorphose. Ses traits tirés en disaient long. La douleur l'empêchait de parler.

Depuis ce jour, je suis devenue une handicapée de la confession, une reine de la planque. Je n'ai jamais compris ce qui l'avait poussée à m'éloigner. Je n'ai jamais compris l'enchaînement de mensonges qui a fait aujourd'hui ce que nous sommes : deux étrangères. Le silence est devenu une règle d'or dans cet amour transfiguré en violence à force de rancœurs. Mon aller simple accroché autour du cou, punition que l'on inflige aux enfants que l'on s'échange en plein vol, j'ai fait le chemin à l'envers, sans savoir, sans mesurer ce qui, de l'autre côté, m'attendait.

✳ ✳ ✳

J'ai retrouvé ma chambre d'enfant. En quelques semaines, ce décor, si familier, n'était devenu que le fond de scène d'un théâtre où se jouait une drôle de pièce. Mon frère et ma sœur s'entraînaient mutuellement dans une toxique descente aux enfers, d'orgies en découvertes de nouvelles chimies euphorisantes, anesthésiantes. Mon père donnait carte blanche à ses démons, à sa nouvelle liberté, main dans la main avec une nouvelle compagne. Je jouais à la petite mère, obéissante, calme, organisée, gérant la maison abandonnée par ceux qui s'adonnaient à leurs vices. Personne n'osait intervenir. Rien de ce qui transparaissait ne pouvait alerter l'œil aiguisé d'un ami, d'un voisin. Nous étions des professionnels du secret ; c'est ainsi que Marc, Pauline et moi avions été élevés. Dressés à nous taire. Mais alors que j'essayais de garder la tête hors de l'eau, mon père m'a noyée.

Je sens encore son odeur, mélange d'eau de Cologne, de tabac et de restes de ses nuits enivrées. Au creux de la nuit, comme ça, alors que la tête tourne, que mon corps se tord de douleur, que les angoisses embrassent mon esprit, son ombre caresse l'embrasure de la porte et les souvenirs me reviennent. Je revois cette enfance, ce père comme un héros qui me serrait si fort dans ses bras. Sa voix qui nous contait de douces histoires dans le lit des parents, le goût des crêpes au Benco lors d'un dimanche soir flemmard devant un Walt Disney, sa guitare qu'il sortait pour nous bercer. Je le revois encore plaider ma cause quand ma mère s'énervait pour une mauvaise note, me prendre sur ses épaules pour que j'aperçoive sainte Sarah au milieu de la foule des pèlerins. Je le revois me présenter avec fierté, se galvaniser de mes exploits enfantins, de ma réussite. J'entends sa voix et ses blagues qui faisaient rire la tablée familiale. Et il riait aux miennes…

L'image du père, protectrice et bienveillante, s'est brisée le soir où pour la première fois il s'est approché trop près de mon corps de gamine. Enfant d'un non-désir, je suis devenue préadolescente-désir. Les scènes quotidiennes se rejouent sans cesse dans ma tête. Il s'allongeait à mes côtés, son poids m'étouffait mais je ne gémissais pas. Ses mains se baladaient sur mon corps, en surface, à l'intérieur. Il se servait des miennes, les dirigeait vers son sexe. Il aimait mes mains, ma bouche. Seules confessions de ces instants de torture silencieux. Je demeurais muette, impassible, presque morte. Serrant fort une peluche contre ma poitrine, je pleurais dès qu'il refermait la porte de ma chambre avec dans ses poches un peu de mon innocence. Je quittais l'instant, forçant mes pensées à s'enivrer d'horizons lointains. Ses hurlements d'ivrogne enragé viennent encore assombrir mes nuits, inonder mes cauchemars. Son regard méprisant posé sur moi, ses mains sales qui claquent sur mes joues, ses pieds qui se ruent sur mon corps. La violence des mots, la haine dans son regard et l'horreur semée dans mon corps. Des mois d'enfer.

Je n'ai pas su le supplier pour que cela cesse, je n'ai pas su écrire la fin de ce sordide chapitre. Mes prières s'écrasaient contre les murs qui ont vu défiler les premières années de mon existence. Il ne m'a pas demandé de me taire, il savait pertinemment que je ne dirais rien, que je prendrais sur moi sa honte et la mienne. Il a mis fin à ce calvaire en me jetant dehors. À jamais. J'ai pris la porte et maquillé nos fuites.

De ses quatre enfants, je suis la seule à avoir subi cette sordide humiliation, ce viol d'innocence, la seule à avoir été ostracisée de son existence. Marc et Pauline n'ont rien vu, les yeux bandés, aveuglés par la liberté et l'amour qu'il leur a donnés. Je suis la seule pour qui notre père est un salaud. Il a volé mes ailes dans le plus profond des secrets. Il est ce couteau planté à gauche dans ma poitrine, ce vide qui me dévore et cette violence qui trop souvent déborde. *Jeux interdits* ; cet air de guitare me ramène à ce que nous avons été avant tout cela. Il sonne comme un présage de ce que mon père allait faire de moi. J'ai attendu longtemps, trop longtemps qu'il revienne, me pardonne de cette erreur qui est pourtant la sienne, de ces souffrances dont il est le père, l'origine. Depuis ce jour où je suis partie, pas un mot, pas un geste. Course-poursuite masochiste. À mes appels, son silence fut l'unique réponse.

Il y a ses bras qui me serraient si fort, qui m'ont détruite, ont étouffé mon secret pendant de si longues années. Il y a mon corps volé, dépossédé, et ce père, qui n'est plus qu'un fantôme. Je prie pour que ce crime lui revienne en boomerang entre les rides de sa vieillesse. La seule justice en laquelle j'ai foi n'est pas celle qui se joue dans la cour d'un tribunal. J'ai voulu croire que j'avais fait mon deuil mais il y a des douleurs dont on ne guérit pas. Ce trou dans l'âme qui serre le cœur, comprime le corps et explose, de l'intérieur.

Je n'ai jamais rien dit, à personne, jamais confié cette horreur qui me ronge. Depuis dix ans, ce secret pèse au creux de mes reins. La honte s'est collée à mon corps, à ce corps qu'il s'est offert. Comme un jouet. Innommable péché. Père de culpabilité.

Accablée j'ai rejoint une autre ville, une autre vie et ma mère. Je gardais toute ma haine dans un coin de mon cœur, mais elle n'a pas tardé à se retourner contre moi. En devenant anorexique, j'ai pris la parole que je me refusais. J'avais onze ans et, comme une femme sur cinq, j'ai pris la nourriture comme langage.

✻ ✻ ✻

Je n'ai pas cherché l'anorexie. Elle était de ces évidences qui s'amorcent, doucement, et s'installent, silencieusement. Dès mon plus jeune âge, par la danse, j'ai appris à donner du sens au mouvement, à partager une intention par une certaine maîtrise corporelle. Mon corps avait des choses à dire, ce n'était plus à prouver.

J'ai toujours su qu'il n'est pas normal de refuser qu'un aliment pénètre son corps, de compter comme je le fais, de mettre deux doigts au fond de ma gorge lorsque je me sens coupable d'un quelconque excès. Mais je n'avais aucune conscience de ce vers quoi je m'enlisais. Il a fallu que je tombe très bas pour que les autres remarquent que je risquais de m'envoler. Insolente, agaçante, poussant ces autres qui partageaient mon quotidien dans leurs retranchements les plus lointains, j'avais gagné le pari de la transparence, mais c'est d'en devenir repoussante qui m'a dévoilée. Douze ans et demi, un mètre quarante-neuf, 27 kg : un désastre.

Je n'espérais aucun regard mais ils ont tous fini par se braquer sur moi, pointant du doigt celle que j'étais en train de devenir. Nul ne pouvait savoir, nul ne pouvait imaginer jusqu'à ce que mon état justifie l'intervention d'un médecin. État des lieux catastrophique. D'un air désabusé, il vient au terme de sa longue démonstration : « On appelle ça l'anorexie mentale, mademoiselle. » Je meurs d'envie de lui rire au nez ou de m'enfuir en claquant la porte, lui hurler à quel point il est laid et ne comprend rien. Mais je reste là, muette, tête baissée, victime de l'autoritarisme médical. Je suis faible et lâche. Mon regard, seul, loge colère et insurrection. Ma mère écoute et jouit. Son sourire béat témoigne de sa satisfaction à l'égard du discours de cette blouse blanche qui lui donne enfin raison. Le diagnostic posé par le médecin sonne faux. J'ignore ce qu'est l'anorexie. L'adjectif « mentale » me reste en travers de la gorge. Il ose sous-entendre que je suis folle. Je vais bien, mais personne entre ces quatre murs ne semble prêt à l'entendre.

Il a fallu rencontrer des pédopsychiatres, des nutritionnistes régulièrement, leur donner une part de contrôle en les laissant m'examiner, me mesurer, m'étudier sous tous les angles et me rappeler les risques et les facteurs qui amènent les adolescentes comme moi jusqu'à la mort. Ma complaisance anorexique fut sérieusement endommagée par ces intrusions régulières, par les réprimandes quotidiennes de ma mère, certes désarmée, mais néanmoins violente. Si le pourquoi du comment j'en étais arrivée là n'avait à mes yeux aucune importance, les raisons de mon absence d'appétit obsédaient ceux qui m'encerclaient. La danse fut désignée comme la première coupable, vous savez « cette soif de légèreté pour mieux voler sur la scène [...] et toutes ces heures face au miroir ». Le silence de mon père, la deuxième excuse : « Son absence m'aurait coupé tout appétit de vivre. » Ma mère, la troisième dans la ligne de mire : « Trop autoritaire, trop étouffante. » Il y a comme un acharnement à trouver un coupable pour essayer d'alléger la culpabilité de l'anorexique. Moi, volontairement, je ne disais rien, je ne racontais rien ni du présent ni du passé. Ce que l'on raconte finit toujours pas nous échapper. Par mon mutisme, j'atteignais l'ultime contrôle. Je ne parlais que des autres ; preuve de mon intérêt pour la vie dans ses traits les plus palpitants, mise en mots de ma propre transparence.

J'ai fini par plier sous la pression et les menaces, face à la colère de ma mère qui affrontait déjà la crise d'adolescence violente de Pauline qui, devenant ingérable pour mon père, nous avait rejoints à des milliers de kilomètres du foyer originel. Nous étions de nouveau toutes les trois réunies, mais quelque chose s'était brisé en chacune de nous. Le compagnon de ma mère peinait à ramasser les débris de notre passif pour établir quelque chose de serein pour l'avenir. Les névroses exacerbées de celle qui l'aimait, l'anorexique, la droguée, la tâche était, pour le moins, ardue. Il n'a jamais su trouver sa place dans ce triangle de jalousie, de souffrances. Et pourtant, il nous a toujours aimés. Vraiment.

J'ai recommencé à m'alimenter, petit à petit. J'ai grandi, pris du poids. Frêle toujours mais presque normale. L'excellence de mes résultats scolaires calmait l'inquiétude ambiante. Ma souffrance ne pouvait se lire que dans les cahiers où chaque nuit je vomissais ma détresse, que sur l'intérieur de mes cuisses où je laissais au couteau des cicatrices saignantes pour expier ces secrets enterrés, nouvelle marque visible de l'indicible.

Cette sage résolution n'a pas tenu bien longtemps, et j'ai fini par recommencer à faire le vide, à peser, à compter, à me fondre dans l'espace-temps. L'ultime barrière, je l'ai franchie, sans m'en apercevoir. La fatigue, les vertiges, les insomnies et les vomissements étaient devenus inhérents à mon quotidien. Je n'avais plus d'âge ni de vie mais je me confortais dans cette part d'ombre jusqu'à ce que je m'effondre dans les escaliers du collège.

Des tuyaux partout, un brancard filant dans un couloir, des visages penchés sur moi : « Mademoiselle, vous m'entendez ? » Comme un écho qui résonne à l'intérieur de ma poitrine. Je suis en vie. Électrochocs. Je viens de frôler le risque ultime qui me semblait si lointain face au reflet du miroir. Mon cœur s'est arrêté, ma vie en suspens, un coma qui n'aura laissé en moi qu'une invisible faille. « J'ai de la marge. » Mademoiselle Réponse-à-tout va devoir se taire désormais. Mademoiselle Tout-le-monde-a-tort va devoir apprendre à prononcer les mots « anorexie » et « boulimie », ces mots où le bout, la boule de vie, croise la mort dans une anormalité sensible.

J'ai donc fêté mon quinzième anniversaire à l'hôpital. Un mètre soixante-trois pour 34 kg : le contrat est loin d'être rempli. Enfermée, contrainte. Un moineau en cage. J'étais docile et silencieuse, l'hôpital m'a rendue insolente, agressive. Leurs tentatives de poser un cadre n'avaient aucune prise sur l'adulte que j'étais devenue, prématurément, certes, mais je ne pouvais percevoir leur autorité que comme une entrave à ma liberté, une insulte allant jusqu'à me rétrograder au stade d'enfant encore malléable. J'en ai claqué des portes, renversé des plateaux aux pieds de ces infirmiers. Je cognais dans les murs de cet étau de protection. Ma vie se résumait, alors, à une odeur d'antiseptiques, au goût amer du vomissement de ma colère.

Ce long passage en clinique fut pour moi une autre école de l'enfer. J'ai appris l'impudeur, là où il faut demander une clé pour aller aux toilettes ou l'autorisation d'aller fumer avec un bras branché, là où l'on dépouille ton sac de tout ce qui pourrait être source de mal, là où l'air s'imprègne de tensions accumulées et de silences embrasés. J'ai encaissé les réflexions, les pics acerbes d'un personnel aigri et démuni face à l'insaisissable. Portable coupé. Presque nue sur une balance. Mes états d'âme chiffrés sur une courbe. Mon orgueil à la poubelle. C'est fou, ce besoin de nous enfermer pour pouvoir nous guérir. J'y aurai au moins appris quelque chose : je ne suis pas la seule à courir après la transparence. Les formes sont différentes, les raisons aussi je suppose, car du fond, nous en parlons très peu. La forme, nos formes sont obsédantes dans les affres de cette vie en collectivité.

Parmi ces filles miroirs, il y avait Angie. Je l'ai croisée le jour de son admission. J'attendais mon tour pour le bilan hebdomadaire avec mon infirmière référente, et elle, qu'on lui attribue un numéro de chambre. Il y avait quelque chose dans son sourire, dans son regard comme une étrange évidence. Elle était maigre, presque cadavérique mais restait belle, à en être troublante. Du quotidien médical à nos conciliabules nocturnes, nous sommes devenues amies. Elle acceptait de ne pas tout savoir, de ne prendre que ce que je voulais bien lui offrir. Elle n'exigeait rien de moi, faisant de notre cohabitation des appels d'air dans cet « enfer blanc ». Des heures consumées assises sur le banc dans la cour à repenser le monde : rêver, face à un passé impossible à affronter et à un avenir incertain, rêver, c'était un peu la seule chose qui nous restait. Elle était là pour moi, un peu comme une grande sœur remplaçant mes aînés qui avaient lâché prise. Mais elle était aussi là pour guérir, du moins pour essayer. Elle avait cette hargne pour s'en sortir, ce courage que je n'ai jamais retrouvé chez aucune autre fille de notre « espèce ». Nous avions la même colère sauf que la sienne s'était muée en une furieuse envie de vivre. Une hospitalisation n'est qu'une parenthèse dans une vie ancrée ailleurs.

Après mon départ, elle est restée présente. Notre quotidien a cédé la place à une longue correspondance jusqu'à ce qu'un soir de décembre, le téléphone sonne… Angie est morte. Un choc sec, violent comme la façon dont son cœur s'est arrêté. Brutalement. Je suis retournée seule sur ce banc où l'on avait écumé des heures à regarder les gens passer dans ce jardin sans âme, à bavarder en vidant nos paquets de cigarettes. La pluie tombait, je suis restée là longtemps, seule à l'attendre comme si elle allait renaître de ses cendres. L'anorexie a gagné après dix ans de souffrance au moment où elle commençait enfin à voir le bout de ce chemin de traverse. La vie est fragile, la sienne ne tenait qu'à un fil. On ne m'avait donc pas menti, on peut mourir d'avoir eu faim d'une autre vie.

Ce chagrin n'a pourtant pas eu raison de mon anorexie. Ce long séjour hospitalier n'aura fait que mettre quelques formes autour de mes os et j'ai multiplié les passages en cage jusqu'à l'overdose. Huis clos. Du chat à la souris, la fugue. J'ai fui ce chemin de guérison maltraitant, ces pavillons de folie. « Putain, vous ne m'aurez plus. » Il fallait que je me retrouve dans des regards neutres, que je me reconstruise autrement. J'ai fui jusqu'à ma propre famille en quittant le domicile parisien préférant la galère aux affrontements quotidiens. Il fallait que je me protège, que je donne une chance à celle que je pourrais être. À seize ans, j'ai repris la liberté que l'on m'avait donnée alors que je n'en avais pas l'âge. Il était temps que toute cette mascarade retrouve un sens.

✳ ✳ ✳

À l'heure où il n'y a qu'un bout de lune perdu dans le ciel noir, je suis là, accroupie à la fenêtre de mon studio, à regarder tomber la pluie. Qui est cet homme qui marche dans la rue ? Je hais ce couple qui s'embrasse sous un parapluie. Les néons du théâtre se reflètent sur le trottoir mouillé. Ce vieux monsieur, à l'angle du boulevard, me donne envie de fumer.

Tiens, et si je sautais ? Mourir défenestrée, je n'y avais jamais pensé. Je ne suis pas quelqu'un d'impulsif, je suis douce. Ma mort est donc plus lente. Elle est anorexie latente. Je suis excessive, incontrôlable, incontrôlée : seul le vide m'apaise et anesthésie mes angoisses. « Regarde-moi, toi là-bas, regarde-moi dans les yeux pour y lire mon agonie. »

La nuit a été courte, douloureuse même. Mais il y a une vie dehors. Le réveil sonne, il va falloir retrouver cette agitation citadine, tellement loin de celle qui habite mon propre corps.

Alors je me déguise, essaie de multiples costumes pour me confondre dans une illusion de beauté, dans un masque qui pourrait cacher la vérité. Je me prépare à montrer ma face à celle du monde. Un éclair de lucidité et je réalise que c'est la mienne que je suis en train de perdre. Le miroir ne ment pas, lui. Un peu trop. Pas assez. Quelque chose qui cloche. Je laisse échapper quelques larmes sur mon visage, affluer les sanglots à la vue de cette image de moi, qui reflète l'horreur et engendre ma rage. Je ressens comme une envie de laisser les os apparents, de me laisser fusiller par les regards normatifs. Puis une envie de masquer cette ostensible marque de ma bêtise, de ma folie. Assurance limitée mais feinte dans une pseudo-élégance. Un trait sous les yeux qui finira par couler. Sur des talons trop hauts, mes jambes ne cesseront pas de trembler. Du noir à l'extérieur comme au fond d'un regard qui ne sait pas trahir. Tout cela pour finir par entendre la confession d'un homme que j'aurais voulu charmer, instant volé dans une soirée, pourtant si gaie : « Dis-moi pourquoi une fille aussi jolie que toi a toujours l'air aussi triste ? »

Je quitte le lit où son inceste m'a clouée. Aujourd'hui est un autre jour, un autre combat à mener contre cette anorexie qui me détruit. Je joue la carte de la réduction des risques : je vis avec, au mieux. Je survis le plus souvent, essaie de me préserver mais tout en continuant à vivre à mille à l'heure. Avide de vie, d'instants, comme si mon corps pouvait lâcher à tout moment. Comme les funambules, je vis sur un fil au bord du vide.

Se lever machinalement, le corps endolori mais avec une force venue de nulle part, une énergie factice mais tenace, qui me maintient dans la vie. Se lever en essayant de mesurer le risque, en calculant les rendez-vous pour éviter de se retrouver face à une assiette vide dans un restaurant. Simuler une certaine normalité face à l'assiette présentée, au choix scrupuleux des mets et finir par ne rien garder : tricher, compter, peser, trier, décortiquer, organiser. Prévoir des excuses si les forces disparaissent ou si la crise s'amorce. Alors là, il faudra faire vite, prendre mes jambes à mon cou, calculer, prévoir, acheter, engloutir, rejeter, boire, expulser. Le mensonge est la clé de voûte de mon équilibre.

Chaque jour, je crois au miracle ou à la punition quand mes yeux s'ouvrent sur le plafond défraîchi du studio de la rue Jean-Pierre-Timbaud. Je me réveille rarement seule ; l'amoureux du moment, un autre homme, seulement de passage, un ou plusieurs amis. Je garde le contrôle à travers leurs regards. Le silence m'effraie. Loin de l'anorexique asociale que l'on s'imagine, je fuis la solitude.

Mon alimentation est devenue humaine : je suis cannibale d'humanité. Je me nourris des autres, de leur présence. Ils me portent dans leurs élans, avec ce désir d'utilité qui me dévore. Ils me maintiennent dans une forme de vie sans m'alourdir. À m'entourer jusqu'à l'étouffement, j'ai compris le sens de la vie, de nos trajectoires parfois si tortueuses, et même si je m'y perds parfois, au risque de me briser, j'ai trouvé là une évidence à être. Faire le point. À la ligne ou plutôt à l'année de tant de points formant une continuité. À tracer des grandes lignes de tous ces petits points serrés, à écrire ces étapes qui ont fait le chemin, j'ai repéré l'essentiel. On est toujours plus légers avec les autres.

Après m'être affranchie du carcan familial, j'ai traîné ma carcasse sur de drôles de routes, rencontré des tas de gens. Étranges, décalés, le plus souvent en souffrance, comme une forme de « re-connaissance » : je ne crois pas que les opposés s'attirent, au contraire. Mes repères n'avaient de sens que dans l'association de ces extrêmes, l'union des solitudes où j'avais le droit d'être improbable. J'ai retrouvé des plaisirs simples, des éclats de rire comme des coups de pied à la réalité, des regards comme des échos qui soulagent sans mot dire. Mon errance n'aura été que solidaire. Je n'avais encore rien connu de pareil. C'était un pied de nez, une vengeance silencieuse contre les gens de mon sang, qui semblaient avoir tiré un trait sur l'insolente que j'étais, oubliant avec le temps la douleur d'un tracé avorté en un point d'arrêt. Ils m'auront, au moins, appris l'intransigeance. Je ne sais pas pardonner.

Mais j'ai déjà trop de remords pour ne pas monter dans les trains qui s'arrêtent à ma gare. Alors j'ai construit petit à petit un monde vivable, aimable. Un quotidien bricolé à grand renfort de coups de tête et d'inattendu. Tout pour remplir un vide qui ne s'estompait pas.

Je suis une droguée du vide, une junkie de l'espace. L'ivresse du vide est grisante même si la douleur des crampes me rattache au sol. En lévitation au-dessus de moi-même, mon seul souci présent : cette légèreté éloignant toute autre macabre remise en question. Placebo. L'ivresse n'est qu'illusoire, qu'éphémère. La réalité me rattrape. Dans mon inconscience, je l'ai rendue encore plus violente qu'elle ne l'était. Mais je veux la conserver, cette légèreté qui m'euphorise, cette ivresse de maîtrise. Sentir le vide, le corps qui vacille, c'est sentir que la vie m'habite encore et que mon cœur, lui, n'est pas encore mort.

J'avais fait de la danse une raison de vivre et je n'ai pas lâché prise bien que mes carences freinent toute nécessité chorégraphique. Je danse, oui, chaque jour, chaque minute. Je danse entre deux mondes, dans une autre dimension, au sens strict du terme. L'anorexie a changé mon rapport à l'espace. Dysmorphophobie. Mon monde n'est fait que de chiffres, de souvenirs, de maux sans mots ou plutôt sans solutions. Je ne vois que le surplus qui entoure mon squelette, ces amas de graisse que je fantasme, ce trop qui toujours colle à ma peau.

Mes 34 kg prenaient beaucoup de place. Mon allure interpellait autant mes proches que les inconnus. Mes réponses étaient tantôt mutiques, tantôt agressives, jamais réelles. Je pouvais ainsi m'en tenir à la surface et me protéger de toute intrusion. M'avouer « anorexique boulimique », ce serait admettre que ma seule apparence suffisait à mettre mal à l'aise ou à provoquer un quelconque dégoût chez les autres. Ce serait faire face aux questions, aux absurdes réflexions que j'ai si souvent entendues. Anorexie rime avec cachexie ou mondanités. Boulimie niée, cachée ou obésité. Je ne veux plus faire face, débattre inlassablement, expliquer, détailler. Trouver une fausse excuse, c'est me rappeler que la vraie raison demeure un secret, que nul ne connaît.

Par excès de fierté, je n'avouais jamais cette galère alimentaire, affective et financière masquant toute faiblesse par un sourire de circonstance. Comme pour mieux cerner le vide qui m'habitait, hyperactive, je courais après le temps, les rencontres, les missions. J'étudiais, je travaillais, je militais, je sortais. Beaucoup, beaucoup trop. J'étais partout et nulle part à la fois, toujours un peu ailleurs, incapable de finir une phrase, de rester en place. Les mécanismes alimentaires sont devenus conditionnement, mode de fonctionnement. Jusqu'à l'extrême dans tout ce que j'ai entrepris, et encore aujourd'hui. Je suis comme suspendue. Mon corps en pointillé s'inscrit dans une réalité qui tourbillonne. Mes lèvres se dessèchent parfois, de ne pas pouvoir embrasser le reflet de mon existence fantôme.

Quitte à m'épuiser, à ne plus tenir debout, je préfère cela à regarder la vie, ne serait-ce que pour quelques mois, de l'extérieur ou plutôt à l'intérieur d'un de ces services hospitaliers que j'ai déjà assidûment fréquentés par le passé. J'ai cru pouvoir vivre sans soins mais à force de tomber, il fallait bien que quelqu'un m'aide à me relever. Alors j'ai multiplié les allers-retours en clinique, les courts séjours ; histoire de me maintenir dans la vie.

Mes hospitalisations n'étaient en effet que des gavages à l'ancienne, des pansements au corps. Un petit boîtier avec quelques tubes en plastique pour un gavage des plus modernes, accroché à mon corps comme pour me rappeler ma propre incapacité à manger normalement. Substitut pour drogués alimentaires. On m'a proposé des poches, des grosses poches de calories. Les blouses blanches ont su s'y prendre pour soigner mon enveloppe, tant bien que mal pour mes yeux d'anorexique ambivalente. Mais je replongeais dans mon excès dès qu'ils avaient le dos tourné. Le même cirque au fil des années : théâtre de Guignol. J'ai peut-être un avenir chez les clowns.

* * *

La restriction n'est pas totalitaire, je finissais toujours par céder aux caprices de mon corps en manque. Me remplir devenait une urgence vitale. J'ai mangé jusqu'à l'écœurement, j'ai vomi jusqu'à l'évanouissement. Je suis devenue boulimique. Je ne résistais plus à la faim, cédant plutôt à un besoin irrépressible de me remplir. La douleur était si vive que j'ai utilisé mon corps comme un terrain de jeu, de l'insignifiant au divertissant. L'allumeuse sans la tête de l'emploi. L'expression « fille légère » prenait tout son sens. Je me suis envoyée en l'air avec n'importe qui, n'importe comment. Aucun homme ne m'a eue, je me suis donnée. Ivre, sobre, défoncée, peu importe, il fallait que je souffre, d'un plaisir violent. Rien n'était tempéré, seul l'extrême avait un sens. Mon corps sali me rappelait à chaque instant la médiocrité de mon être.

L'usure des excessifs, des dévorés anéantit mes efforts, mes élans d'espérance. La mort guette tous ceux que la faim a dévorés. Mon corps n'est pas toujours aussi décharné qu'il a pu l'être. Mes 53 kg cachaient mes excès boulimiques, cette discrète destruction de mes fonctions vitales. Le temps file et je l'épuise à me peser, me mesurer, m'examiner. Les regards satisfaits sur mon enveloppe charnelle, l'œil rassuré du médecin, tous mes repères bousculés. J'ai repris le contrôle. Moins 13 en quelques mois.

Mon corps a trop frôlé la terre, me rongeant jusqu'aux viscères de ces malaises et autres douleurs. La vie, sous mes pieds. Tant de nuits à errer. Pour éviter le face-à-face avec l'amer, la mère de ces coups et des douleurs qui transpercent. Au point mort, je dors trop ou pas du tout. Je tremble, souvent. Ça tire de partout. Du côté du cœur surtout. Un point de souffrance permanent, comme un poids qui écrase, freine ses battements. Un signe qu'il m'envoie : « Arrête-toi tant qu'il est encore temps. »

Une poignée de cheveux dans une main violacée, des étoiles devant les yeux. Je respire comme un vieux chien fatigué. J'ai vingt ans, le cœur d'une femme de cinquante et l'ossature d'une de soixante. J'aurais dû être très grande comme mes frères et sœurs, pulpeuses comme les femmes de mon sang. Ma taille n'est que normale, mes seins ridicules, mes fesses plates. Je suis comme une vieille femme avant l'heure, une de celles qui ne pourront certainement jamais avoir d'enfant. Mes os, mes muscles me font souffrir. Ce corps existe, étiré par la douleur, omniprésent. Il faut être fou pour vouloir le toucher, ce corps déjà usé, ce corps déchet, et pourtant j'en attire, des fous, des détraqués qui essaient de m'aimer. J'ai attiré leurs coups, leurs mensonges, leurs souffrances qui m'ont marquée au fer rouge. Je ne dis pas non jusqu'à la construction, car je ne suis pas faite pour être deux, pas capable d'être constante dans mon statut d'aimante. La dualité anorexique ne peut admettre aucune interférence extérieure. Je préfère partir avant de tout détruire, de m'inonder de frivolité plutôt que d'emprisonner, ou pire de me laisser capturer.

Je n'en peux plus, de cette anorexie, de mon corps qui fatigue, de cette vie qui se défile. Je ne compte plus le nombre de fois où j'ai vu les pommes. Orgueil et Préjugés. Déraison et Violence.

Je n'en peux plus, de ce passé qui court après moi, de ce présent que je ne saisis pas. Il y a tant de choses que j'aurais voulues mais pour lesquelles, aujourd'hui comme demain, je ne me battrai plus. J'aurais voulu ne pas leur ressembler, ne pas recréer ce schéma qui m'a construite, pouvoir, moi, me contrôler et rassembler ces bouts d'un moi éclaté. Je voudrais lever le voile sur les silences, anéantir cette dépendance nutritive, nourricière. Raisonnablement adulte, sagement rangée ; j'aurais voulu mais je ne suis qu'un sac de nœuds, 40 kilos de fils entremêlés, d'histoire à décoder.

Les troubles alimentaires m'ont façonnée sur un paradoxe permanent. Mes désirs, mes choix : tout s'oppose. Entre deux eaux. Sur un fil. Lorsqu'une réalité nous appartient, la renier, c'est un peu faire comme si elle n'avait jamais existé. Mais elle est là, dans chacune de mes respirations, sur ma peau, dans mon regard et dans celui des autres.

« Je n'ai jamais vu quelqu'un avec une telle force mentale. Vous tenez grâce à elle mais j'ai bien peur que vous ne vous usiez, mademoiselle, et que l'anorexie ait raison de cet acharnement à vouloir avancer à deux cents à l'heure avec un réservoir vide. » Les paroles du médecin résonnent dans ma tête. Décembre 2008, bilan après un énième aller-retour à l'hôpital.

J'ai peur. Syncopes spontanées. Trou noir. Souffle coupé. Le cœur ralentit. Jambes inertes. Je ne m'obéis plus. Et là chaque seconde devient terreur, comme si tout m'échappait, impact au ralenti : le vide et la vie s'entrechoquent. C'est la réponse du corps qui est la plus éclairée, la plus complexe mais celle qui vient nous piquer dans la fuite de la réalité. « Reviens, la vie. On m'attend dehors. Viens, la vie, reviens chasser l'anorexie. » J'aurais voulu que l'on m'arrête lorsque j'enfilais une paire de baskets pour courir jusqu'à tomber, qu'on m'empêche d'aller vomir le bol de céréales que je venais d'avaler. J'aurais voulu que l'on me gifle lorsque je caressais mon plexus, que j'entourais les os de mes poignets inlassablement pour vérifier que je pouvais en faire le tour avec chacun de mes doigts. Personne n'a jamais rien fait, parce que je n'ai jamais rien dit. Depuis que j'ai quitté ma famille, j'ai fait mine de vivre tout cela sereinement. Un peu comme si l'inceste était un accident qui m'avait rendue handicapée du tube digestif. J'ai fait le deuil de mon estomac pendant les cinq années de convalescence sous la surveillance maternelle. En réalité, c'est bien trop lourd à porter.

Alors j'ai fini par lever le voile sur les manifestations anorexiques. Il fallait que tout le monde sache, que je cesse de mentir, de jouer un rôle. Il fallait que ma mort, si elle devait survenir, ait une explication logique, soit une évidence et non une surprise. Ceux qui partageaient mon quotidien sont devenus des spectateurs éclairés de la comédie dramatique de ma destruction. J'ai parlé des crises, de mon poids, de mes absences qui n'étaient que perfusions. J'ai montré mes os, mes cicatrices. Peut-être pour choquer. Peut-être pour être comprise. Peut-être pour être protégée. Peut-être simplement pour être soi. Dire pour crever l'abcès, faire acte de cette réalité.

Mais l'on demeure, je crois, incompréhensible. Le paradoxe est trop complexe, les représentations trop ancrées, mon discours sur les causes muet. Je suis l'anorexique affaiblie, l'hystérique du remplissage. Les yeux dans le vide, une traînée de poudre jamais loin. Je consomme, consume le peu d'énergie que j'ai à me protéger, à me barricader en déplaçant la légèreté viscérale à chacune de mes sphères réelles. Je suis la même fille simple, sociable et passionnée. Je me nourris de nos rires, de musique et de lendemains fantasmés. Allongée sur mon lit, par la fenêtre, je regarde les nuages se détacher, changer de forme. J'en devine quelques-unes de drôles, d'originales. Le téléphone sonne. C'est l'amoureux. Il arrivera dans la soirée. Mais avant sonne l'heure amicale du café hebdomadaire où nous échangeons, sur les banquettes d'un bar parisien, nos banalités culturelles. Et puis demain, je m'en vais, je rentre « au pays », là où je suis née, là où sont restés les anciens, ceux pour qui je demeure la petite Lucie, cette gamine que j'ai laissée crever. Ce parfum de lavande, de pierre brûlante, ce reste de romarin et de la cuisson lente des coings dans le chaudron de bronze. Ma madeleine de Proust, ma terre alliée… Il y a de belles choses dans cette vie-là, malgré tout.

Et quand je m'épuise, que je faillis, j'atterris dans un de ces hôpitaux où un service nous est dédié, à nous, droguées du rien et du trop-plein. Quand l'alarme sonne trop fort, je vais m'échouer dans les couloirs blancs d'un hôpital me tenant à cette perche d'acier, comme à un pilier déjà bancal et fragile. Je suis nourrie à l'artifice, acide qui remplit le manque anorexique, les carences de cette maladie du sens, au superficiel comme ce masque que je porte si souvent. Au compte-gouttes, un liquide s'immisce dans mon corps, un peu de carburant pour me rendre l'énergie dont je me prive, que l'anorexie me dérobe. Compléments de mon anormalité jusqu'à la prochaine chute…

Le fil n'est jamais bien loin. Comme les miettes d'un rien, qu'un coup de vent pourrait bien emporter… Peut-être même un léger souffle. Mais subsiste en moi, quelque part, errante, la fille à qui l'on avait tant promis.

✳ ✳ ✳

Autodestruction. Le mot fait peur. Écoutez comme il sonne : même susurré il est âpre, violent. Entendu tant de fois mais jamais compris ni reconnu, me réfugiant justement dans le statut de l'incomprise. Je détruis. Je me détruis.

Je suis morte il y a dix ans, et suis revenue à la vie sous les traits de l'anorexie. On a volé mon corps. Je l'ai modelé à l'extrême. J'ai mordu la poussière sous les coups du sort, rampant jusqu'à décoller, jusqu'à toucher l'ultime frontière. L'impulsion fut anorexie. Je suis devenue un fantôme semblable à ceux qui me hantent. Plus en vie, pas encore morte. L'anorexie est ma pulsion de vie, une force intérieure immense, intense. Si je n'avais pas arrêté de manger, on m'aurait retrouvée un matin au pied d'un immeuble parisien. Le silence m'aurait tuée et personne n'aurait jamais su ce qu'il m'avait fait. Je n'ai pas jeté mon corps dans le vide, j'ai laissé l'ivresse du rien l'habiter, le consumer. À petit feu.

Le poids du secret ? Mon corps en est l'illustration. Je n'ai pas su me décharger. La chair absente n'est que silences. Enfance coincée dans la gorge crachée en lettres. Il fallait écrire. Écrire

25

les horreurs et ma mélancolie pour exorciser mon âme de ces ombres malsaines. Écrire pour ceux qui m'ont détruite, et dans un cri, leur prouver que je suis en vie.

J'ai tué de longues années à m'abîmer. Il fallait que je paie. Ce fut plutôt une belle réussite. Mais il y a un autre succès, dont les traits sont plus lumineux. C'est mon regard posé sur l'exploit d'être là aujourd'hui. Fière et droite. Pourtant je ne m'en remettrai pas. Elle restera là, à jamais. Collée à ma peau, distillée dans chacun de mes os, inscrite dans mon regard. Ces années de violence, d'ascèse ont révélé en moi quelque chose d'indicible, d'invisible ; une force sensible.

Mon cœur battant est un miracle. J'aurais pu mourir, j'aurais dû. Je l'ai voulu. Finir le travail qu'il avait commencé. Mais j'ai connu plusieurs vies, et d'autres encore sont à venir. J'ai dépassé la vingtaine, j'ai construit quelque chose, quelque chose qui ressemble à une vie. En dehors du temps, hors des sentiers battus, je suis devenue quelqu'un. On m'a brisée, je me suis ramassée. Seule. Le courage m'est venu des regards bienveillants posés sur celle que je pouvais devenir, malgré tout.

Un mètre soixante-huit, 40,6 kg. Les repas sont comptés comme des heures de veille où la raison, l'instant l'emporte sur l'anorexie. Même rares et déséquilibrés, ils ont le mérite d'avoir remplacé le néant. La maladie reste une ombre permanente, parce qu'on ne guérit pas de revenir d'aussi loin. On se maintient dans la course de la vie, sans autre but que celui d'être et de demeurer soi face aux vieux démons. C'est une revanche. Une victoire même. Il ne peut plus y avoir de défaite quand on a si tôt mordu la poussière.

Le contrôle corporel est aboli ; je suis une fille de l'air. Toute chose en ce monde résonne comme une absence : je ne suis faite que de départs. Racines coupées. Je ne suis pas d'ici mais d'un ailleurs viscéral. J'ai ce quelque chose du courage des oiseaux. Je file dans les couloirs du vent. Je vis au rythme des courants d'air, laissant les alizés emmêler ma chevelure et m'enlever vers d'autres aventures. Je marche, le vent dans le dos. Un jour, peut-être, je lui ferai face, sans que l'eau déborde de mes yeux, sans que mon corps vacille.

Les martinets dansent la ronde. L'averse ne saurait tarder. Des éclaircies suivront. « Je reste et je souris. » À vie, je vomirai ce qui m'est insupportable mais, entre deux horizons, j'essaie de réduire les risques que j'encours.

Merci :

À mon grand-père, Parrain, Marraine et Hélène ; « tuteurs » incroyables,

À Aurore, Cynthia, Diana, Émilie, Erika, Eugénie, Jean-Pierre, Tuyet, Valou et Vincent,

À Manu,

À Sylvie M. pour les clés repêchées au fil de nos entrevues, ce « je » de mains entre les mots,

À mes amours, mes amis, mes compagnons de voyage : il n'y a pas de hasards dans nos rencontres,

À mes légères et à nos envolées,

À mes absents,

Vous êtes ma force et ma liberté...

Véronique

« Mon verre s'est brisé comme un éclat de rire. »

Guillaume Apollinaire

Il y eut mon entrée dans la vie adulte. Pas l'habituelle. Celle que j'avais décidée. Aux alentours de ma dixième année. Je lisais beaucoup à cette époque. Je m'éloignais de mes poupées et de mes frères. On me trouvait raisonnable. Mes parents sortaient encore beaucoup. Ils avaient une vie remplie d'invitations à dîner à rendre ou à honorer. Au moins une fois par semaine, on appelait une baby-sitter pour nous garder. Nous promettions solennellement d'être sages, avec l'espoir soigneusement entretenu d'une surprise le lendemain : film ou glace au dessert. Un dernier baiser de notre mère radieuse et parfumée, un bonjour timide à la grande blonde ou brune de service ce soir-là, puis la porte se refermait et nous devions aller nous coucher. C'était le cas pour mes frères. Purement théorique pour moi. D'abord, j'étais l'aînée. Et à ce titre j'avais décidé que je jouissais du privilège de me coucher après les autres, ne serait-ce que de deux minutes. D'autre part j'étais curieuse. Très. Je savais toujours séduire l'étrangère du soir. J'aimais beaucoup faire comprendre que je n'étais pas tout à fait comme les autres, que je lisais des livres bien au-dessus de mon âge, ou que j'étais la première de ma classe. Je racontais à chaque fois que j'avais du sang bleu dans les veines et que j'avais gagné une médaille au cross de l'école l'année dernière. Je leur servais mon petit couplet, toujours le même, savamment distillé au cours de la soirée. Et puis j'écoutais. Oh, comme j'écoutais. Et elles se laissaient avoir par mon bavardage. Elles parlaient, elles parlaient et se dévoilaient une soirée durant. À chaque fois, quand mes parents rentraient, bien après minuit, ils nous trouvaient toutes les deux en grande discussion, et la gamine et la baby-sitter. Celle-ci immanquablement se mettait à bafouiller, à s'excuser, à inventer un terrible cauchemar qui justifiait que je sois encore debout. Une fois qu'elle avait déserté les lieux, absolument ravie d'avoir été une soirée l'égale d'une grande, passablement excitée par plusieurs heures de discussion à bâtons rompus, je racontais par le menu tout ce que j'avais appris de la baby-sitter, du nom de son amoureux au contenu des révisions de son partiel… Mes parents avaient le plus grand mal à me faire taire et à m'envoyer au lit, pour de bon cette fois-ci…

Un jour ils en ont eu marre de payer une baby-sitter pour en fin de compte trouver leur aînée au chevet de la demoiselle, jouant les apprenties psychologues. Et puis je savais me faire obéir de mes frères. Je leur semblais digne de confiance. Et puis il y avait le téléphone. Bref, un jour ils décidèrent que nous nous garderions seuls, c'est-à-dire que je garderais mes frères. C'est ce jour-là que je suis entrée dans l'âge adulte.

Bien entendu, pas à cause de cette responsabilité qui désormais m'incombait, mais qui me convenait parfaitement. C'était la marque de ma grandeur et de ma maturité. Non, je suis devenue adulte parce que je me suis fait à manger pour la première fois toute seule, hors de tout contrôle parental.

Ce premier repas avait quelque chose de magique. C'était une cérémonie, un rite… Un baptême. C'était le premier soir de ma solitude. La première fois où je devais compter avant tout sur moi-même. Une sorte de premier rendez-vous avec l'enfant bizarre que j'étais.

En fait nous avions déjà mangé, en présence de nos parents à sept heures du soir. Une belle boîte de raviolis et plein de gruyère râpé à faire fondre avec. Un délice enfantin. Le dessert avait été un esquimau. Une fois que nous avions été rassasiés, les parents étaient partis. Ils avaient écrit en gros à côté du téléphone le numéro des hôtes du soir. Ils nous avaient fait mille recommandations, demandé aux garçons d'être sages, et à moi de ne surtout pas hésiter à appeler au moindre problème. Puis ils nous avaient enfin laissés seuls, avec une permission de veiller jusqu'à vingt et une heures.

À vingt et une heures cinq, les petits étaient couchés. Je découvris pour la première fois mon royaume. J'avais la télécommande pour moi seule, et la jouissance exclusive de la télévision jusqu'à une ou deux heures du matin. J'avais surtout la cuisine. Quand j'y pénétrai, mon cœur battit la chamade. Pour la première fois je pouvais ouvrir tous les placards et me servir sans que personne ne surgisse dans mon dos. Je pouvais tout goûter, tout toucher. À la condition, bien sûr, de ne laisser aucune trace. Je souriais intérieurement. Ça, je savais faire.

J'ouvris la porte du frigo. Mon premier crime fut un morceau de gruyère arrosé de ketchup, puis un second couvert de moutarde. Il y eut une rondelle de saucisson religieusement avalée. Pas plus, parce que pour le saucisson le contrôle serait plus strict… Les fruits et les légumes ne me disaient rien… Les céréales, je les aurais de toute façon au petit-déjeuner. C'est alors que j'ouvris le placard au-dessus du four. J'avais trouvé mon Graal. Sucre, sel, cannelle, vinaigre, et ces choses que l'on nomme « aides à la pâtisserie » : vermicelles de sucre colorés, nappage de caramel, extrait de vanille et de café, amandes effilées ou en poudre. Il y avait aussi des figues sèches, des cerneaux de noix et des tablettes de chocolat…

Je pris un bol, y versai autant de sucre que de cannelle, y rajoutant de la poudre d'amande, un filet de caramel liquide et les vermicelles de couleur qui me rappelaient les gâteaux de mes anniversaires… En dégustant cette tambouille délicate, je me dis que je n'avais jamais rien mangé de meilleur. D'autant que je pouvais me resservir sans demander. Cette abondance entre mes mains, c'était un peu comme le début de mon règne.

✳ ✳ ✳

Le dernier cours de la matinée est en train de s'achever. Je regarde par la fenêtre. Le ciel est gris. La pluie hésite. Mais je sais qu'elle va finir par tomber. La sonnerie résonne. C'est fini. Brouhaha de chaises que l'on repousse, de conversations interrompues à la fin de la récréation. On parle fort, on met nos cartables, sacs – on dit sac au lycée – à l'épaule. On a faim. Ce sera la cantine pour les « *out* », les trop sages, les filles et fils à maman, et les deux milk-bars entourant le lycée pour les autres.

Et moi ? Le parc. La cantine, j'y suis allée très brièvement en sixième. Mais le prix est prohibitif pour quatre enfants. Et puis ce n'est pas bon. Maman fait le trajet presque tous les jours. Une demi-heure de voiture, une demi-heure pour manger, et retour à la case départ. Sauf que les heures de sortie du collège, du primaire et du lycée ne sont pas les mêmes. Et j'ai pris russe en troisième langue. Deux jours par semaine, je n'ai qu'une heure de pause. J'ai dit oui, que dix francs par semaine ça suffisait largement pour manger au chaud. Un vrai faux mensonge. Ils se doutent bien que ce n'est pas vrai. Mais ils n'ont pas le choix…

Quand il fait beau, c'est un moment délicieux où je reste dans la cour en savourant une canette de soda. L'espace m'appartient. Nous sommes à peine une poignée, oubliés là à l'heure sacrée du déjeuner : des cours décalés ou une partie de foot qui ne veut pas mourir. Je peux à ma guise rêvasser tout en marchant. Quand je serai grande, j'écrirai. Je me raconterai ces années de faim et de misère. Ce sera le début de ma légende. L'idée m'amuse beaucoup, bien que la misère soit relative. Nous sommes tous les quatre dans une école privée, bien habillés, bons en classe. Nous ne partons jamais en vacances mais j'ai les mêmes jeans et les mêmes chaussures que mes copines. Ils ont réclamé plus de sacrifices, c'est tout. C'est lourd à porter parfois. Mais un jour, j'aurai ma revanche sur tout ça. Promis, juré. Et puis c'est agréable ce moment rien qu'à soi. Je suis indépendante. La fille vêtue de noir, un peu à part. Bon, pas toujours en noir. Et à part, c'est malgré moi. Ma tête ne revient pas aux autres. Je suis encombrée par ma grande taille. Je ne comprends pas tout l'intérêt que suscite tel ou tel garçon. De toute façon je ne peux pas participer aux séances de shopping. J'habite trop loin pour rester à la fin des cours dans les bars boire un dernier café… Et surtout je lis beaucoup trop. Et ça, c'est une tare, même dans une boîte à bac. Alors je déambule dans la cour comme en ma demeure et je rêve de mon Amérique, un soda à la main.

Les jours de froid, comme celui-ci, c'est plus dur. Je fais tout comme les autres. Je prends mon sac, entame une conversation. Je suis bavarde et sociable, en apparence. Je trouve toujours un mot à échanger. Des contacts… À la surface. J'imite à merveille l'intégrée. Je suis les élus, ceux qui mangent dans les bars, fument et jouent aux jeux d'arcade. Mais je dépasse les deux établissements et poursuis mon chemin jusqu'au parc. Mon Dieu qu'il fait froid. On doit être proche de zéro. Et le ciel est obstinément couleur de plomb. La belle balle qui mettrait fin à tant d'absurdité… Je sens mes mains s'engourdir, et je ne suis même pas arrivée. Je continue mon chemin après avoir franchi les grilles du parc. Je marche jusqu'au petit lac artificiel. Là, j'ai mon banc, celui qui offre la meilleure vue sur le plan d'eau et les cygnes, à l'ombre inutile d'un platane. Je rêve d'une soupe brûlante en m'asseyant. Je sors mon classeur, et j'écris frénétiquement pendant trois quarts d'heure. J'écris sur la laideur du monde, sur les paillettes de ma vie plus tard. J'écris les bleus et les humiliations de mon âme, mon corps mal foutu, ma peur des mauvaises notes. Comme je voudrais être Rastignac, pouvoir un jour rencontrer Baudelaire, et me disputer avec Rimbaud. J'aimerais dire à Victor Hugo ses quatre vérités, me perdre dans un désert et voir Carthage. Comme ils sont bêtes autour. Comme j'ai le ventre vide. Comme j'ai froid. Comme je paie cher le droit de faire de grandes études plus tard. Mais mes héros, ils manquent parfois de tout, et ensuite, mon Dieu, quelle victoire ! Alors je veux bien la faim qui taquine. Et puis ça fait une compagne dans ce jour glacé qui souffle quelques lignes. Puis mon écriture devient illisible. J'ai des glaçons au bout des doigts. Je rêve, pense aux autres dans le bar. Jamais je n'oserai y entrer et sentir tous les regards sur moi. Et puis, pour prendre un café je ne sais pas s'il faut commander au comptoir ou attendre que l'on vienne vous servir. Et face à toutes les stars du lycée je sais que je ne serai pas à ma place. J'ai ma faim. Et comme ça, je les vaux tous. Ma faim, c'est mon mépris. La preuve que la vie qui m'attend sera à la hauteur de mes espérances…

Soudain le ciel crève et déverse son eau en gouttes lourdes et glacées. Je dois fermer le classeur et cesser là mes délires de future reine du monde. Je mets bien à l'abri mes précieux mots. Et j'attends collée au tronc du platane qu'il soit l'heure de reprendre le chemin des cours. Que personne ne sache ou ne devine. Ma faim, c'est mon secret. Mon unique. Ma force. Au bout de cinq minutes, trempée, je quitte le parc et retourne au lycée.

✳ ✳ ✳

Il y a ces nuits si longues où je n'arrive pas à dormir. Alors je lis. Je lis comme une folle, comme une désespérée. Je lis pour emplir ma vie. Il y a les heures trop longues qui s'écoulent et qui n'amèneront qu'une immense fatigue. Je les comble des mots des autres. Je m'invente des histoires à chaque page. M'interromps et me dis que je ferai ça aussi, raconter des histoires. Je lis, je me remplis. Vers deux heures du matin j'ai immanquablement faim. Alors je lis encore plus. Pour oublier.

Je n'ai que ça pour moi. Il y a les filles jolies. Moi, je suis invisible, mais lectrice…

À chaque fois que je prends le bus, je pense à Napoléon. J'imagine l'étoile qu'il a laissée sur la France et sur ma ville, et qui veut que tous les chemins mènent au centre. Mais voilà, Mai 68 est passé par là, et ils ont exilé les facs en banlieue. En voiture il me suffirait de vingt-cinq minutes pour me rendre sur le campus. J'ai le permis. Mais je n'ai pas assez d'argent pour la voiture. Je me lève à cinq heures trente tous les matins. Les cours commencent à huit heures et demie. J'ai une heure trois quarts de bus pour aller m'asseoir dans un amphithéâtre bondé. Mais ce n'est pas grave. J'oublie Napoléon. Un jour ce sera loin. En attendant, je travaille comme une folle. Je mange un sandwich crudité-mayonnaise à midi, ou rien. Et quand je rentre chez moi le soir, je suis si fatiguée que je zappe le dîner. Je préfère dormir une heure, me réveille à huit heures, et là commence à travailler jusqu'à onze heures. Puis j'éteins. Plus de lecture. Pas le temps. J'éteins, c'est ma seule chance d'arriver à être efficace le lendemain. Et je travaille, je travaille encore. Moi, la fantasque, je me plie à la rigueur inflexible du droit. Et à la faim. Un jour ce sera loin. Alors je m'accroche, essuie mes larmes. Tant de pleurs et de fatigue cela ne peut être en vain. Ça vaut forcément le coup au bout du chemin.

✳ ✳ ✳

Il y a la bière qui arrive la première. Une histoire de drague balbutiante à la terrasse d'un bar. Pour montrer qu'on est grande et adulte. J'en bois une pour faire comme les autres. Et puis ce n'est pas très cher. Ça vous pose face aux garçons. Vous n'êtes pas de ces filles coincées qui ne font que lire et ignorent tout de la vie. Sauf que précisément je suis de celles-là. Ce que je connais de la vie, ce sont les drames du journal de 20 heures. C'est aussi la mort de Mme Bovary et le triste sort du goéland de Baudelaire. C'est la fatigue dans les yeux de mes parents. Que des choses stupides et risibles. Alors je me maquille et tais tout dans mon demi.

Je trouve le monde autour tellement étrange. Étriqué. Jamais à la bonne dimension. À croire qu'il le fait exprès. Trop grand quand il s'agit de perdre une heure et de nombreuses poussières pour aller à la fac, trop petit les jours où l'on rêve d'aventure, de grandir, de quitter les siens. Et on se rend compte que l'on tourne en rond et que tout nous y ramène obstinément. Trop petit quand on veut fuir. Et tellement grand quand on a peur.

J'ai vingt ans. Je les ai fêtés il y a huit jours. Seuls mes frères et mes parents étaient présents. J'ai beaucoup pleuré. Avant je ne l'aurais pas fait. Mais avant je savais être seule. Avec des amies mais dans une solitude parfois tellement parfaite que j'en frissonnais. Je suis lisse. Je n'y peux rien. Une pierre étrangement immobile et spectatrice du monde qui s'agite autour.

À vingt ans, quand on est quelqu'un de normal, on a des amis. J'avais des connaissances. Tous les matins je me levais, allais en cours. À force d'habitudes : s'asseoir toujours au même endroit, arriver à la même heure, se mettre à la même table à la bibliothèque… À force de tous ces rituels-là, je me suis fait repérer. On m'a adressé la parole. Je me suis montrée gentille et souriante, enchantée d'intéresser quelqu'un. Malheureusement cela n'allait pas beaucoup plus loin que des discussions autour de la machine à café aux intercours. Il y avait le repas de midi aussi. Mais celui-ci s'était changé en traître. Ou il me ruinait quand il fallait manger comme les autres : si je prends plus que les légumes, mes comptes virent au rouge… Ou il était sauté parce que mes amies n'étaient pas là, et que je n'ai jamais eu le courage de rentrer dans un café ou une cantine seule. Quand il n'y avait pas cours, je lisais entre les murs de ma chambre. Personne ne venait aux nouvelles, et je n'en attendais de personne. Les autres, c'est affreux, ne me manquaient pas.

Et puis il y eut la réussite à ce concours. L'entrée dans une grande école, et le regard trop noir d'un garçon. Il y a la vie de ces filles pour qui tout semble facile et qui me fascinent. Je me suis penchée au-dessus du miroir aux alouettes. Cela fait trois mois que je sors le soir. Je suis invitée par Valentine. Nous nous retrouvons toujours dans le même bar parce que le serveur a un faible pour elle et nous offre à l'œil les shooters de vodka, et qu'elle n'aime pas changer ses habitudes. Je bois à longs traits cette vie dont j'ignorais tout avant : les permissions de minuit, les découchages, les ivresses légères. Il y a toutes les déprimes parce que Florian vous plaque, que François vous trompe, que Xavier est trop beau… Il y a ces discussions sans fin comme celle que nous avons en ce moment pour savoir si

Flo a couché avec le prof d'économie ou pas. Ah, et les folles virées de shopping. L'argent n'est plus un problème. De façon très provisoire. Je me suis endettée pour survivre dans la grande école. J'ai fait l'acquisition d'une voiture en fin de vie dans laquelle se développe tout un jardin de lichens et autres moisissures. Je n'ai plus qu'une demi-heure de trajet aller-retour de l'école à chez moi. Je découvre, en plus de la bière, une certaine abondance : les restaurants, les marques, les traiteurs, les soins en institut…

Je vais souvent chez Valentine. C'est un univers si différent du mien. Il n'y a pas, ou presque, de livres. Mais il y a la climatisation. Je marche au café noir depuis des années. Chez Valentine, les femmes boivent du thé. Surtout, chez Valentine, on aime le sucre et le beurre. Peut-être parce que c'est une famille où les filles sont majoritaires. Il y a du rose et du sucre. Le moment sacré du repas c'est le dessert : crème au chocolat, éclairs, gâteau fourré à la crème, tarte à la fraise, religieuses… La journée est ponctuée de barres de chocolat et de bonbons. Il y a les sucettes aussi, parce que Valentine a décidé d'arrêter de fumer… Quand je ressors de là, après avoir vu cuire la viande dans une demi-plaquette de beurre et avoir mangé autant de sucre qu'à Pâques l'année dernière, je sens au fond de moi un vague écœurement, un léger malaise. Mais en même temps ces vies-là semblent si lumineuses… Tout réussit à Valentine : les garçons, les études. Elle ose tout. Rien à voir avec la pierre que je suis. Elle a déjà voyagé dans cinq ou six pays, connaît une douzaine de positions pour avoir un orgasme. Elle a d'excellents résultats en faisant la fête tous les soirs. Et de chaque coup dur elle fait une force. Chez elle, ils sont souriants, ils parlent de tout facilement. On m'a adoptée très vite. Si seulement je savais être ainsi : guimauve. Alors devant un autre demi je me dis que rien ne sert de tant lire. Je vais me trouver un mec, me bouger. Moi aussi, j'ai un avenir au bout des doigts. Il n'y a pas de raison… Je veux être comme tout le monde, dévorer la vie, les choses et les gens. Manger tout. Je bois vite mon verre. Tant pis si je suis un peu trop ivre pour rentrer en voiture. J'en prends le risque. Valentine ne raconte-t-elle pas à l'instant à sa cour attentive sa super-cuite de Noël où la route tanguait si fort ? Les yeux noirs se moquent de moi en douce, je le vois bien. Les yeux noirs me troublent. Il est beau ? Honnêtement, non. Valentine a décrété que nous sortirions ensemble. Je sais que cela se fera car on ne résiste pas à la volonté de Valentine. Elle ne comprendrait pas. Les yeux noirs dit qu'il a beaucoup lu, comme moi. Il est assez politisé, entre Mad Max et l'abbé Pierre, pour reprendre une chanson. C'est un intellectuel, du moins aux yeux de Valentine, qui a décidé que nous serions le couple de l'année. Elle se réserve quant à elle le capitaine de l'équipe de rugby. Seulement, comme elle me l'a expliqué longuement cet après-midi, les yeux noirs l'affolent. « Sors avec lui. Tu es une de mes meilleures amies, ça me fera plaisir. Et puis je veux que ça se fasse avec Paul. Sors avec lui, comme ça je n'aurai pas de tentation. Je ne touche pas aux mecs de mes copines. C'est une question d'éthique. » J'ai acquiescé, très grave. S'ensuit cette sortie bar prétexte. Un beau coup arrangé, comme par hasard… Les yeux noirs ont débarqué dix minutes après nous, avec deux copains, l'air de rien. Et moi, je joue la dupe. De toute façon je n'ai pas le choix. Valentine a besoin qu'on lui enlève ses tentations de la vue. Une fois que nous serons ensemble, les yeux noirs lui seront invisibles.

J'ai quand même une appréhension, une toute petite. Bah, rien qui concerne le contact physique. Non. Mais plutôt cette lourde interrogation : vais-je survivre à tant de normalité ? Le serveur nous rapporte des cacahuètes. Je me jette dessus. J'ai faim.

✳ ✳ ✳

Je pleure tous les soirs en espérant un coup de fil. Mais il a dit que tout était fini. J'ai mal. Je me sens tellement désarmée. Je me sens trop seule entre les murs de ma chambre. Alors je vis accrochée à mon téléphone. J'espère une sonnerie salvatrice toute la journée, toute la nuit. Tout le temps. Parfois il appelle. Quelle que soit l'heure, je saute dans ma voiture et vais le rejoindre. Ça ne mène absolument à rien, et ça je l'ai su bien avant lui. Nous n'avons plus de futur, même pas de vrai présent. Nous faisons l'amour et il me rappelle qu'il n'y a rien entre nous sauf le corps à corps. Des fois que je me ferais des illusions… Je devrais dire non. Mais j'en suis parfaitement incapable. J'aime cette douleur monstrueuse. C'est encore mon histoire, celle que je me suis imaginée et qui ne fut jamais la nôtre. Je ne suis pas capable de lui dire adieu. Alors je bois. Dès que j'arrive chez lui, je demande un alcool fort. Et je m'enivre comme on tombe. Lui, il est tout occupé à me caresser. Moi, je célèbre mon deuil. Je veux être à la limite de l'inconscience quand il sera en moi

41

pour fuir ce glauque et ce gris, et cette histoire tellement lamentable… Il a l'élégance de ne pas me mettre dehors juste après. Il ne peut pas. Je le soupçonne de le vouloir pourtant. Mais je sombre toujours, avalée par les doses de vodka, toujours plus importantes. Je m'enfuis au matin après lui avoir fait un sourire. Oui, bien sûr, je ne me fais pas d'idée. C'est juste le sexe. Lui, il se pavane. Les filles sont folles de lui. Moi, je démarre en pensant que ces yeux noirs sont vides… Avec mon téléphone allumé, attendant le prochain appel. De lui, ou de Valentine.

J'ai besoin de sortir, d'aller faire la fête. De partir en vacances entre filles. Mais Valentine vit le parfait amour avec Paul. Ses appels sont rares. Ses succès universitaires la rendent plus lointaine. Nous ne sommes plus sur la même planète. Parfois nous nous retrouvons pour aller boire un verre. Mais à moi cela ne suffit pas. Je me sens trop seule. Dévorée par cette faim des autres qui devient chaque jour plus forte. J'ai tellement peur d'être seule… Du coup, je bois, je pleure… Valentine me console. Elle fait des promesses. Oui, cela va aller mieux. Pas du tout. Il y a ce vide autour de moi, ce lisse. Je suis comme au fond d'un puits… Je pleure et je bois.

Je vais chez un psy parce que Valentine va en voir un et a décidé que là était la solution aux yeux noirs, et à tout le reste. La dame est très gentille et m'a mise sous Prozac. Je l'en remercie beaucoup : je suis ivre plus vite. Sinon, nous échangeons des phrases toutes faites sur la vie, la mort, la famille. Rien ne se passe. Conversation sur la pluie et le beau temps. Juste de quoi perdre quelques billets par séance, et gagner un sourire… Que je noierai dans le prochain verre…

* * *

J'ai réussi. Après la grande école, le premier poste. Ils sont beaucoup à m'envier. Et, pour une fois, je vois l'avenir en rose. Je souris à l'homme de ma vie. C'est une connaissance de Valentine, encore. Mais rien à voir avec les yeux noirs. Dont je me moque éperdument à présent. J'ai décidé qu'il était temps que je passe à autre chose. Et puis maintenant que je ris et que j'ai retrouvé la pêche… Cela devait être le garçon d'une nuit. Il est toujours là. Pas Valentine, qui, furieuse de ce bonheur imprévu, a disparu dans un grand nuage de colère.

Nous habitons un appartement en face du Val-de-Grâce. Nous avons emménagé il y a deux semaines. Et demain je commence le job en or qu'ils veulent tous. Bon salaire, très bon même, beaucoup de vacances, et surtout, surtout, un métier valorisant. Je serai le fer de lance, avec quatre autres, d'un département au sein du ministère Y. Je suis amenée à devenir quelqu'un. Une grande négociatrice. Je suis chargée d'aller voir les institutions sous la tutelle du ministère et négocier avec eux budget, moyens matériels et humains. J'ai vingt-cinq ans. Il y a de quoi perdre la tête. J'ai réussi. Je suis ravie. Je pense à mes poètes, à mes livres. Toute cette solitude, ces heures d'attente, de faim, de bus en retard, tout ça c'était pour faire de moi quelqu'un de bien. Je délire un peu, comme quand on est jeune, et qu'on se pense arrivé. Chaque soir, nous dînons dans un nouveau restaurant. Chaque jour j'achète quelque chose. Chaque heure est une fête. On est en juillet et Paris est si belle. Nous nous aimons. Mon Dieu, je suis heureuse. J'ai racheté les années d'effort et de grisaille des miens. Que demander de plus ? Le champagne me monte à la tête. Mais cette ivresse-là se termine dans un rire franc…

✳ ✳ ✳

Novembre arrive. Pas trop gris. Quatre mois que je fais des copier-coller à longueur de journée. Je ne suis sortie de mon bureau que pour aller dans des réunions où j'ai très vite compris qu'il ne fallait surtout pas ouvrir la bouche. Je me demande comment j'ai pu être aussi stupide… On m'a vendu un avenir rose. Et j'ai voulu y croire. Comme ils doivent tous rire maintenant… Je suis dans ce grand bureau où il n'y a rien à faire. Les copier-coller, c'est pour m'occuper. Du coup, je passe la journée entre eux et la navigation à vue sur Internet. Tout ça pour un salaire indécent. Je m'ennuie à mourir. Tous les midis, mes collègues et moi allons manger dans une brasserie sympathique qui rend la monnaie sur les tickets-restaurant. Ma chef se sert deux whisky et revient en titubant… Les ordres qui nous parviennent sont toujours impérieux. Mais ils sont vides : ils ne débouchent jamais sur un travail. Il faut faire des rapports, mais surtout sans chiffres, interdire un poste pour qu'on l'accorde ensuite, et surtout, surtout, se faire oublier. La semaine dernière, nous nous sommes enfermés à cinq dans un bureau pour écrire cette simple phase : « *Monsieur, veuillez trouver ci-joint le rapport 666. Dans l'attente de vos observations, veuillez recevoir l'assurance… etc.* » Nous avons mis trois jours à élaborer ce chef-d'œuvre. C'était le premier vrai travail depuis un mois. La lettre finie, je suis rentrée et j'ai pleuré longtemps.

J'ai pleuré après avoir mangé. J'ai à peine ouvert la porte de l'appartement que j'ouvre celle du frigo et me sers. Quand je rentre, je goûte. Ça me rassure. C'est une habitude enfantine qui me plaît. Les larmes viennent ensuite.

Je suis écœurée. À longueur de journée. J'ai pris cinq kilos. Toute la journée est ponctuée de pauses. Les pauses Valentine. Oui, je pense souvent à Valentine à force de cafés, avec petits gâteaux, de repas de midi arrosés avec modération, d'après-midi sur eBay interrompus par le thé à 16 heures. Cela fait six mois que nous n'avons plus ni vrai travail ni vrai grand chef. Le directeur a réussi à rejoindre la cohorte des conseillers du Premier ministre. Il est parti un soir avec ordinateur et voiture de fonction. Aucun d'eux n'est jamais revenu. Notre navire prend l'eau. Sophie, une des RH de l'étage, vient de demander une année sabbatique. Elle veut monter sa boîte. Nous, nous faisons de l'Internet, assis sur nos chaises.

Alors, à longueur de journée, je rêve et je m'écœure. De tant gagner à si peu faire. J'ai honte. Honte aussi parce qu'il faut toujours faire semblant. Officiellement la direction est débordée. Notre chef nous a intimé l'ordre de faire des heures supplémentaires. Du présentéisme. De la réunionite. Donner des chiffres sur tout et sur rien. Je suis chargée d'écrire un rapport sur la coopération régionale, mais n'ai le droit de chercher des données nulle part. J'ai donc ouvert un joli document Word. J'ai écrit en Arial 14 « Coopération régionale ». Puis sur une autre page, j'ai écrit « table des matières » et sur une autre encore « introduction ». J'ai fait une recherche Internet sur les mots « coopération » et « régional », et j'ai mis les différents liens dans mes favoris. Comme ça je suis bien couverte. Dès qu'on rentre dans mon bureau, j'ouvre ou le document ou les liens : je travaille, et suis en pleine recherche. C'est indispensable pour écrire une introduction pertinente au rapport… Depuis quatre mois.

Comme il n'y a rien à faire, après s'être baladé sur la Toile jusqu'à n'avoir même plus l'énergie nécessaire pour cliquer sur son mulot, chacun observe les autres. Ça occupe. Et moi, je fais comme tout le monde. Je suis la plus jeune du service et même de la direction. Je suis la plus mince aussi. Je me fais courtiser, un peu. Cela ne va jamais très loin. Je ne suis une aide pour aucune carrière. Je vais bientôt me marier. Dans huit mois. Toutes les autres femmes approchent ou ont dépassé la quarantaine. Deux enfants grand maximum. La moyenne est à un mari et demi. Toutes les jolies ont ou ont eu des aventures avec un grand chef. J'ai découvert, incrédule, la promotion canapé. Pour moi c'était le sujet d'un vieux film, ou cela relevait de la légende urbaine. Jamais on ne m'a dit un mot sur ça dans la grande école, ou pendant mes études. Ça, ça vous éjecte d'un rêve comme un grand coup de pied dans le postérieur. J'ai pu m'apercevoir aussi de tout l'inconvénient de ne pas avoir les yeux bleus et une poitrine à la Dolly Parton. J'ai vingt-six ans. Je ne me suis jamais souciée de rentrer dans un syndicat. Et puis un « bac plus-plus », ça n'intéresse pas les syndicats. Encore une erreur. J'ai oublié d'applaudir la dernière fois que Grand Chef *number one* a dit une énormité. Erreur. Il y a un mois, j'ai annoncé que j'allais me marier. J'ai donné la date pour simplifier les congés des uns et des autres. Ma chef m'a immédiatement convoquée dans son bureau pour me signifier que je n'aurais pas de promotion avant trois ans et que je n'avais pas intérêt à leur faire un enfant. Parce qu'alors elle me le ferait regretter. Ils avaient besoin de moi. J'ai dû ouvrir des yeux ronds. N'ai rien rétorqué. Je venais de comprendre cette réalité toute bête, qu'en tant que femme je ne pouvais pas demander des avancements aussi rapides que mes collègues hommes : je suis mariée bientôt. Ils comprennent très bien. J'aurai beaucoup moins la tête au travail. Et puis on ne peut pas avoir le beurre et l'argent du beurre... Depuis cette entrevue, je ne peux plus voir le beurre en peinture.

Elles sont toutes rondes aussi. Les pré et post ménopausées. Une couverture de gras qui vient protéger leurs hanches et leurs fessiers délicats des chaises sur lesquelles elles sont toute la journée. De même, enfants ou pas, elles ont toutes gardé un petit ventre. C'est mignon, c'est joli, ça tremblote un peu quand elles rigolent à la pause-café. Je les regarde vivre, tenter de donner le change, de jouer les importantes dans les couloirs. Je les écoute raconter leurs vacances, leurs week-ends, leurs soirées théâtre ou télé. Et je me sens à l'étroit. J'étouffe à regarder ces vies couleur muraille, fades. Elles ne lisent pas, ne font rien qui n'est pas étiqueté « hype » dans les magazines. Elles dévorent, même au régime. Elles ne pensent rien d'obscène ou d'outrageant. Elles sont roses et vides.

J'ai envie de vomir à les côtoyer. Je ne vais plus à la cantine depuis une semaine. Je suis un cadre qui badge. Alors je détourne le système. Il y a un débadgeage obligatoire d'au moins cinq minutes à midi. Le mien n'est que de cinq minutes :

cumuler le plus d'heures possible pour être irréprochable, avoir un maximum de RTT et fuir le soir bien vite hors de cette boîte à folies. Dedans je n'accepte plus un plat, plus un gâteau. Manger, c'est partager le pain avec l'ennemi. C'est baisser la garde et se résoudre à être comme eux. Je suis tendue comme la corde d'un arc. Mon corps avant même ma pensée s'y refuse. Jamais. C'est le ventre vide que je prends le métro pour rejoindre mon antre, de la fenêtre duquel je vois la coupole du Panthéon… Aux grands hommes… Mais, moi, de la grandeur de mes rêves, je suis tellement loin.

✳ ✳ ✳

Dernière marche et j'arrive à mon quatrième étage. Un palier avec deux portes. La nôtre est celle de gauche. La clef a toujours un peu de mal à tourner dans la serrure : avec les différences de température et les saisons, le bois joue. Et beaucoup. Enfin, la serrure cède. D'un geste rageur je pousse la lourde porte et pénètre chez nous. Aussitôt l'odeur du parquet ciré vient m'accueillir. L'odeur du soleil aussi. La lumière ici a un parfum, une chaleur qui se pare de sucre, de senteurs de pomme, de l'odeur citronnée du liquide vaisselle et de la fadeur légère venue de la poubelle. C'est un parfum irrésistible. Surtout quand le soleil déborde par la fenêtre de la cuisine et jette des chemins éclatants à travers l'appartement. Vlan, la porte se referme. Je pousse le verrou et dans le même mouvement ouvre le frigo. Je n'ai rien mangé depuis le dîner hier soir. Alors je me sers. Un peu n'importe quoi. Ce que je trouve. Un morceau de pain, du chocolat, du jambon. Oh, ce n'est pas si terrible. J'ouvre aussi à l'occasion une boîte de conserve ou me précipite sur un fruit. Jusqu'à ce que l'estomac se calme un peu, qu'il arrête de tant crier, de se lamenter si fort.

Mais dès qu'il se tait, il y a ce silence énorme, qui commence à peser. Comme une ombre malfaisante derrière moi. Il y a comme une angoisse qui m'étreint. Je n'ai même pas revissé le bouchon sur la bouteille de soda que c'est déjà là... La peur s'infiltre, petite au départ. J'allume la télévision. Ou je l'appelle. Mais il est au travail. Je n'ai que sa voix sur un répondeur. Je tente de joindre ma mère. Oui, tout va bien. Il fait beau ici aussi. Oui, j'ai vu la robe de Machine. Conversation aérienne. Pourvu que les mots ensevelissent ce qui est en train de naître, que ça le fasse taire. Mais on ne peut rester indéfiniment au téléphone. J'ai beau adresser des prières aux coupoles par la fenêtre, leur demander d'intercéder auprès du ciel dont elles semblent si proches, il faut toujours raccrocher à un moment.

Dès que je repose le téléphone, je vais boire à longs traits un litre d'eau et m'enferme dans les toilettes. Je me mets à genoux et vomis tout : le travail, les rêves morcelés, les filles du bureau, les pauses-café, la carte bleue que j'ai trop fait chauffer, l'exposition plein nord du séjour, mon incapacité grandissante à lire et à écrire. C'est ma confession du jour. Pardonnez-moi, mon père, je ne suis pas à la hauteur. Quand je ressors, la tête me tourne un peu. Mais je me sens légère. Je me prépare un thé, chantonne. Monte sur la balance. Rappelle maman ou réfléchis à ce que je vais faire à dîner ce soir.

Sauf qu'au bout d'une heure ou deux, j'ai faim. Il est rentré. Il veut manger. Moi, je suis fatiguée. Nous commandons une pizza ou des plats à emporter. On regarde la télé en attendant que notre pitance nous soit livrée. Et je regarde ce monde qui s'agite où des gens formidables défilent sur des tapis rouges, champagne et paillettes, où des comme moi font des choses extraordinaires pour sauver la planète, où des plus jeunes ont le Goncourt, où des plus minces épousent des princes, où des plus vrais sauvent des enfants d'un génocide, où les bonnes sœurs vous rendent les églises sympathiques. J'écoute un reportage sur la montée inexorable de l'obésité, un autre sur une famine en Afrique. Lui, il me reproche en douceur d'avoir acheté un pull en cachemire et une troisième paire de bottes. Nous n'avons pas les moyens de vivre sur un si grand pied même si nous sommes très aisés par rapport à la plupart des gens. Je regarde une actrice faire la promotion de son dernier livre de poésie. Oui, il a raison. En plus, je parais encore plus grosse dans ce pull. Mais je n'ai pas réussi à résister. Il était si beau sur le mannequin plastifié et parfait… La sonnette interrompt mes pitoyables justifications. Oui, j'achète, et toujours un peu plus. L'argent me brûle les doigts. Seulement ça calme l'angoisse, pour quelques secondes. Je me sens mieux avec les accessoires de celle que j'aurais dû être, la fille qui a réussi et non la chose larmoyante que je suis devenue. Quand je réfléchis posément à ma situation, je me dis qu'il y a eu plusieurs erreurs de casting. Au baccalauréat : je n'aurais pas dû avoir de mention, pas plus que les félicitations pendant mes années d'études. Quant à la grande école… J'ai triché. Les questions étaient trop faciles. Ils ont eu pitié. Bref, je suis à la place de la fille dont je viens d'acheter les bottes. J'aimerais camoufler mon crime. Mais la vérité se fait jour peu à peu. Usurpatrice… Je suis étrangère à ma vie. Et même l'homme à mes côtés, je l'ai peut-être volé. Mon Dieu, comme j'ai trahi cette gamine dans le parc qui avait faim et froid, et qui écrivait comme une folle en récitant à mi-voix les poèmes de Baudelaire, qui adressait au ciel cette unique prière : « Que je ne sois pas le dernier des hommes, inférieur à ceux que je méprise. » Je suis même descendue plus bas.

Il apporte les pizzas. Je me jette dessus et mange vite. À toute allure. C'est salé. Trop gras. J'ai faim. Les parts se succèdent pendant que le feuilleton commence. J'ai fini en dix minutes. Après, c'est la glace, toujours avalée à un train d'enfer… Et ensuite ? Je bois, je bois. Et m'enfuis vers les toilettes.

Au début il n'y a que deux crises par jour. Au bout d'un mois, je finis par passer mes soirées entre avaler et vomir. Ça me fait presque rire. Il tente parfois de me raisonner. Mais je le persuade que ce n'est rien. Je perds un peu de poids. Je suis fatiguée tout le temps. La honte ne me lâche plus… Et mes rêves ? Mon Dieu… Avant, j'avais de la volonté.

Alors je décide que c'est terminé, que je vais atteindre au moins un de mes buts. Parce que vivre ainsi ne sert à rien. J'en ai marre un jour sur deux de me taillader les poignets ou de trop boire pour échapper au miroir. Bah, pas à mon physique. J'ai un IMC[1] très correct pour parler comme les journaux. Seulement je me sens molle. Parfaite pour les diététiciennes.

____

1. Indice de masse corporelle.

Un 36-38. Mais ça, je m'en fous. Dès que je me regarde, je vois mon bureau, la fille qui avait tant promis à la vie et qui n'a été capable de rien. Je vois mes rêves, et la distance immense qui me sépare d'eux : devenir un grand écrivain, être dégagée des soucis d'argent, rencontrer K, mon modèle en écriture, avoir le temps de lire et faire des enfants. Ne pas vivre pour rien. Habiter dans une maison en pierre et sans crépi, faire de chaque heure un poème, voir Venise, boire du champagne au Flore, aller sur la tombe de mes grands-parents… La liste est longue. J'ai tant raté pour le moment. Alors on va arrêter là le massacre et se reprendre en main. Et je vais commencer par arrêter de vomir et manger moins. Retrouver celle que j'étais juste avant mes vingt ans, il n'y a pas si longtemps. Manger m'angoisse. Je me fixe un plafond de 200 calories par jour et pense au même instant que je ne le tiendrai pas. Je m'encourage en regardant à longueur de journée de bureau tous ces sites, tous ces témoignages sur comment avoir un corps de rêve sur Internet. Le corps m'importe peu. C'est le rêve que je chasse.

Et ça marche. Bien sûr, je vais me confesser encore. À genoux je fais pénitence dans les toilettes. Mais de moins en moins. Je tiens ma limite, comme la garde de Napoléon mourait mais ne se rendait pas. Je m'aide de quelques laxatifs, mais pas tant que ça. Je mange avec application ma ration journalière. Et dans ce marécage il y a un morceau de terre ferme où enfin j'accoste. Je pleure toujours beaucoup en pensant aux quatre murs, ma prison quotidienne. Mais je souris quand je vois la balance s'affiner. La préparation de mon mariage, je m'y intéresse à peine. Je suis occupée à construire une cathédrale d'os, un vide à l'intérieur qui permet de se recueillir. J'envoie des lettres à mon écrivain, des SOS. Je voudrais que, d'un coup de baguette magique, pour me récompenser de tant d'efforts et de souffrances, on me rende ma vie. La vraie.

Je me suis consacrée à la Faim. Elle est mon refuge. Mon appui. Moi et la Faim ne dormons plus, moi et la Faim connaissons les veilles et la trop grande fatigue. Et vlan, six kilos de partis. Au travail ils le voient enfin. Ça discute derrière mon dos. J'ai réécrit en Times New Roman « La coopération régionale ». J'ai débranché mon téléphone de peur qu'on me pose une question à laquelle je ne sache pas répondre. Je flotte dans les couloirs, un sourire léger sur les lèvres, la Faim en moi, comme une marque au fer rouge. Ce n'était pas si compliqué en fait. Juste un peu de volonté contre cette purée rose et écœurante, et voilà que ma véritable nature se révèle : je fais partie des poètes et des fous au regard enflammé par l'envie. Rien à voir avec ces matrones repues et satisfaites. Plus rien ne me touche, même de refaire une lettre corrigée avec des fautes par ma chef. Je pense aux vacances qui approchent, aux trois rondelles de concombre que je mangerai ce soir. Et les murs s'effacent et pâlissent à la vue de mes os… Je sais que je vais bientôt sortir de ce mauvais rêve. Ma vie va commencer.

❋ ❋ ❋

Il y eut le mariage, et le dîner du mariage auquel je suis très fière de n'avoir pas touché. Le seul épisode qui m'ait marquée ce jour là, c'est la remontée de la balance. Un demi-kilo. Un drame. Il y eut le voyage de noces, en Bretagne, sous la pluie.

J'avais promis de ne pas vomir et de manger. J'ai tenu. Plus de kilos à l'arrivée. Mais il y avait la mer si belle pour compenser. Et puis l'attente folle d'un miracle…

Qui n'est pas venu. Août : retour entre les murs. Un ami est tombé sur un manuscrit commencé à dix-sept ans et achevé à vingt. Il y a cru. Pas moi. Mais j'ai quand même signé le contrat d'édition. Je suis écrivain. Usurpatrice. Je n'écris plus une ligne depuis des années. Pas digne du rôle que je prétends jouer. Je continue mon régime avec moins d'écarts encore. Je fonds… en larmes. Je veux mon rêve. Mon Dieu, que votre réalité est triste. Au boulot c'est officiel, le département explose. Ils parlent de me mettre à la compta. J'explique que je suis nulle en chiffres. Je suis convoquée chez ma chef, qui me dit que je n'ai qu'à me mettre en jupe courte et répondre favorablement aux avances du nouveau grand directeur. Je ris à la plaisanterie, avant de réaliser que l'autre ne plaisante pas. J'implore mon écrivain de m'aider en missives urgentes, folles, pathétiques. Je me sens faible tout le temps. Je ne veux plus me lever le matin. Je voudrais juste qu'on nous laisse, la Faim et moi. Je commence à faire la tournée des médecins du quartier. Oh, pas pour me soigner, juste pour avoir un arrêt-maladie, petit billet d'excuse pour ne pas jouer le fantôme dans mon administration grise. Je me sens misérable. Je ne sais même plus si je suis capable d'écrire une phrase : sujet, verbe, complément. Je repense au jour où j'ai appris que j'étais admise à la grande école. Je me sens flouée. Trahie. Face aux vexations journalières, je perds du terrain, doute encore et encore plus. Et me raccroche à la Faim comme à ma seule bouée de sauvetage.

Avant, à dix-sept ans, face aux filles des magazines, à la vie si belle des papiers glacés, je me disais que j'aurais ma revanche. Je rêvais à ça après le froid, après la pluie. Oui, là j'en bavais. Mais gardons ça en mémoire pour apprécier encore plus la victoire. Maintenant j'ai vieilli. Et c'est comme si l'horizon s'était éloigné. Il est hors de portée. Une petite voix me dit désormais que c'est trop tard. J'ai perdu. Il faut abandonner ses caprices d'enfant. Mais je ne peux pas. Il y a les regards fatigués des miens. Il y a leurs dos voûtés. Il y a la dignité blessée, les petites humiliations. Et, coincée entre mon échec et mon devoir, je voudrais tant qu'on me pardonne. Et qu'on m'accorde aussi un avenir. Je ne veux plus prendre ce bus tous les matins, traverser la Seine et aller m'enterrer vive. C'est effroyable. On met une vie entière à mourir ainsi étouffé. C'est inhumain de condamner des gens à ça. Tout ce qu'on veut que je fasse porte un nom : résignation. Moi et ma Faim avons dit non.

✳ ✳ ✳

Un matin je me retrouve à Sainte-Anne. Je suis reçue par une femme qui me parle d'un contrat pour reprendre du poids. Mais rien avant six mois. Moi, je veux tout changer immédiatement. Je veux profiter de ce soleil d'automne sur Paris, avoir la force d'errer dans la ville et regarder vivre les gens de la terrasse d'un café. Je veux pouvoir bouger sans me demander combien de calories je suis en train de perdre. J'implore. La femme me donne une liste de médecins, et le nom de la personne qu'elle pense la plus indiquée dans mon cas.

55

J'appelle l'après-midi même. Mais le médecin est débordé. Il faut prendre le nom suivant sur la liste. Là, tout va bien, la dame est libre. Rendez-vous lundi prochain à quatorze heures.

Comme le temps m'a paru long avant ce premier rendez-vous à l'autre bout de la capitale. Je suis en arrêt-maladie pour une semaine. Je fais vingt-cinq kilos de moins que ma taille. Et je m'affole soudain. Si je n'étais pas malade ? Si tout ça, c'était du vent ? Je suis accro à ma Faim. Oui. Trop. Mais c'est juste une corde à laquelle je me suis agrippée. On parle d'anorexie mentale. J'ai peur. Peur qu'un vrai médecin se fiche de moi. Parce que je ne suis pas anorexique. Je n'ai pas cherché à l'être. J'ai juste voulu prendre le contrôle de ma vie. J'ai voulu perdre du poids pour ne pas, à cinquante ans, boire un whisky à midi et passer mes vacances à m'ennuyer au bord d'une piscine dans un pays voué au soleil. Je suis juste redevenue moi, l'ado maladroite et affamée qui savait écrire des poèmes, qui avait dompté les mots, et lu Sartre à treize ans. Je ne suis pas obsédée par mon corps. Je le vois toujours trop gros. Et ça, ça me déplaît pour ce que cela trahit de non-volonté, de laisser-aller. Je veux être la corde de l'arc et envoyer des flèches de refus dans tout ce qui est trop gris, trop laid. Je veux que ces adultes remplis de suffisance, ces types haut placés dans les ministères qui ne pensent que salaire, carrière et histoires de fesses, me reconnaissent pour ce que je suis : un enfant poète. Quelque chose qui se tord et se révolte, qui ne rentre pas dans une prison, si dorée soit-elle. Anorexique ? J'aime la beauté. La minceur, sans plus. Je ne refuse pas d'être adulte. J'ai vingt-six ans. Ce n'est pas que je haïsse mes seins ou mes hanches.

Au contraire. Mes règles ne me posent pas plus de problème que ça. C'est le mental que je veux changer, le cerveau que je veux remplacer… Et ça, n'est-ce pas, ce n'est pas être anorexique. Je suis fragile, je le sais bien. J'ai besoin de mon arrêt-maladie. Sinon je ne réponds de rien. Sinon, j'irai me jeter dans la Seine du haut du Pont-Neuf. Tout le monde saute du pont des Arts. Mais moi, je préfère la reine Catherine et le temps des grandes empoisonneuses. Je suis fragile. J'ai peur. Et si l'autre me riait au nez ? « Non, vous n'êtes pas malade, mademoiselle. Vous êtes juste une charmante idiote. Redescendez sur terre, grandissez dans votre tête et vous remangerez. Tout le monde s'est résigné. Pas de quoi se mettre dans un état pareil. C'est ridicule. Regardez-vous : vous ne ressemblez à rien. » Alors je ne mange plus rien pour ne pas susciter rires et moqueries.

C'est très mal décoré. Des napperons en dentelle, de la moquette marron et des mauvaises copies de peintures abstraites au mur. Il y a deux hommes avec moi dans la salle d'attente. Personne ne dit mot. Personne ne se regarde. Un numéro de *Terre sauvage*, les *Elle* du mois dernier. Ces messieurs doivent s'ennuyer. Moi, je suis trop stressée pour lire. Et pour un moment, car, apparemment, les hommes ont rendez-vous avant moi.

Quinze heures trente, c'est à moi. Le bureau est blanc. Inondé de lumière. Je cligne des yeux après la pénombre de la salle d'attente. L'autre en face me regarde de ses yeux clairs et inexpressifs. C'est à moi d'expliquer, de justifier. Dire que je ne suis même pas sûre d'être malade, de m'excuser de lui faire perdre son temps. Ma petite faim, je t'aime bien. L'autre me coupe au bout de deux phrases : on se calme. Je suis arrêtée pour trois mois pour commencer. Bon, on peut reprendre plus tranquillement ?

Je sors de là, délestée de cent euros mais pourvue d'une belle ordonnance : Prozac, anxiolytiques et somnifères. Les trois à petites doses. Et rendez-vous la semaine prochaine. Avec cet arrêt : je suis anorexique. En entendant l'autre déclamer son verdict, j'ai pensé très fort : usurpatrice.

Les médicaments me fatiguent. J'adore le somnifère : je m'endors au bout de cinq gouttes et un comprimé pour un sommeil de bête. Douze heures sans rêves. Il me laisse vaseuse, juste assez forte pour quitter mon lit et rejoindre mon fauteuil devant la télé. Là, je tricote et dévore des séries à longueur de journée. Je ne sors que pour la psychiatre et une nutritionniste qui ne sait pas quoi faire de moi. Quand on me demande ce que je mange, je réponds 200 calories. On me parle de beurre. Je souris. Je n'ai d'aversion pour rien. Je prends donc du beurre. Du moment que cette fichue barre des 200 reste infranchissable… Ma gynécologue me dit que les règles c'est pour de faux, c'est une erreur, la faute à la pilule. Je suis bien trop maigre pour que ce soient des vraies. Le plus comique dans l'histoire, c'est que maintenant que j'accepte de me voir malade, je fonds encore plus. Je continue d'écrire à mon écrivain. Je lui explique que je suis face à un mur. Si je remange, je perds la vie dans un bureau, et là, je la perds par la Faim. Je lui parle des mots que d'autres ont écrits et qui me crucifient. Je lui parle du journal de vingt heures, de tous ces grands hommes que je trouve petits. Il ne répond pas. Je m'en fiche. Je lui décris Paris et les ruines de ma vie, mes rêves d'enfant quand je lisais ses romans. Je parle de ma grand-mère que j'adorais, et qui s'est éteinte, trop fatiguée pour vivre une année de plus. Je lui raconte ma banale existence, mes angoisses. Cela tourne si souvent à la plainte… Je me trouve tellement faible…

Il me répond un jour de novembre, m'invitant à venir le voir. La psy, à qui j'en ai parlé, s'est moquée de moi. Mais qu'est-ce que j'en espère ? Parler de livres et de mots. De ces horizons que je ne verrai jamais, moi qui ne suis qu'une pierre. Et puis qu'on me rende la vie, un travail hors de ce couloir. J'en attends tout. Qu'on me sauve, et qu'elle, elle arrête d'augmenter les doses de mon traitement. Il n'y a pas de clef dans les médicaments… Notre entrevue dure peut-être une demi-heure. Peut-être plus. Il me dit de m'accrocher. Je lui avais envoyé mon manuscrit en septembre. Il me complimente. Je suis avide. Il donne ce qu'il peut. Mais ce n'est pas ça que j'attendais. Moi, je voulais que toute la littérature du monde se ligue et prenne les armes pour me sauver… Qu'il me montre une porte de secours, qu'il défasse le verrou… Quand la porte se referme, je pleure. J'ai perdu sur tous les plans. Je reste pour lui une fan. Il n'a rien compris. Je cherchais un souffle qui me fasse reprendre la plume. Et lui, ce n'est qu'un homme, trop habitué à la lumière.

✳ ✳ ✳

Plume, plume, je descends. Les doses, elles, grimpent. Mes vingt-sept ans approchent. Je ne veux pas les voir. Il faut choisir la couverture de mon livre. Je laisse ça aux autres. Je ne suis plus rien. Me vide de tout, m'entaille les poignets de plus belle. Des coupures de rien. Ce n'est juste pas très beau. Je me sens si seule. Je m'en veux de faire souffrir l'homme qui partage ma vie. Mais je ne peux pas. Pas cette vie-là… Alors je meurs. Je remange à peine. Juste assez. L'aveu de ma défaite. Arrêt-maladie prolongé. Je démissionne dans la foulée. Je ne suis plus rien. Le diplôme délivré par la grande école n'est valable que pour une certaine sorte de bureaux et de couloirs. Si on les quitte, il ne reste que du sable. Mon livre sort. Dans un épais silence. Je sais qu'il est mort-né. J'ai peut-être eu du talent à dix-sept ans. Mais il est beaucoup plus probable que, comme tout le reste, cela fut une erreur. La psychiatre me propose une hospitalisation. Encore une prison ? Non. Les doses augmentent encore. Je dors debout. Salon du Livre. Je vais voir mon écrivain, juste pour un bonjour et lui apporter mon cadavre de livre, qu'il en ait un bel exemplaire et non pas seulement un tas de feuilles dans un classeur. Et là, la claque. Au détour d'une phrase, je comprends qu'il n'a rien lu. Mon talent d'écriture, c'était des phrases pour jouer le gentil. Rien de vrai. Il n'a pas lu. Je le quitte dans un rire. Tout va très bien, madame la marquise… À ceux qui sont venus avec moi je dis que tout est rose. Et, arrivée chez moi, je rassemble somnifères et anxiolytiques et les finis d'un coup. Que le rideau tombe.

Je me réveille vingt-quatre heures plus tard, poupée de son. Je suis vide. Définitivement à terre.

J'ai mis fin à ma relation avec la psychiatre et ses pilules au rendez-vous suivant. Elle a pensé qu'elle était quittée pour l'écrivain. Pour ne pas perdre la face, je n'ai pas nié. Puis la psy est partie dans un long monologue : de toute façon c'était un échec dès le début. Je ne me suis jamais livrée, et pourtant Dieu sait que j'ai parlé. N'ai pas voulu. Alors que j'aille balader mon sac d'os ailleurs. J'ai recommencé à manger. L'enfant poète est mort. Mes rêves aussi. Bien sûr, il reste un peu d'espoir. Parce que pas d'espoir du tout, c'est la fin. Seulement je sais que j'ai échoué. Au fond de moi, j'ai honte comme jamais. Résignée.

J'ai repris une dizaine de kilos très vite, dans une énorme pagaille. J'ai une super-recette pour ça : je ne pense à rien et j'avale. Parce que si je pense, j'ai une irrépressible envie de vomir mon existence. Je suis gourmande. Ça m'aide un peu. Je vis dans la nostalgie de ma Faim. Je rêve de la ressentir à nouveau. Mais sais que c'est en vain. Je connais mes limites. Je mange, et vois les autres heureux.

Le jour où j'atteins cinquante kilos, il y a un doute. Certitude dès le lendemain. Malgré les prédictions des médecins je suis enceinte…

✳ ✳ ✳

J'ai vieilli. Mais j'ai toujours la sensation d'avoir usurpé la place d'une autre. Je n'ai pas été malade pour de vrai. Et pas cette maladie d'adolescente. J'ai à présent une boule de vie à qui faire découvrir combien l'existence est belle. J'ai commencé par lui montrer les couchers de soleil de Baudelaire et les aubes de Rimbaud. Je lui lis des histoires, lui apprends les couleurs et les saveurs du réel.

Mais moi, je reste une plaie béante, pas tout à fait aussi résignée que je le voudrais, et plus assez vivante. J'essaie de faire des régimes pour perdre le poids gagné durant une grossesse sous haute surveillance, avec gavage obligatoire. Mais je crains la Faim. Sa terrible séduction. L'illusion de force qu'elle me procurait. Je sais, avant même de commencer, que je vais la trahir. Alors autant la trahir tout de suite. Tombe le voile noir sur mes échecs pendant que je monte à ma bouche la première cuillère… Je m'arrêterai quand l'assiette sera vide. La règle du jeu est simple. Tant pis si je n'ai aucun plaisir à manger. Je me nourris seulement. J'avale tout ce qu'on me propose.

Trente-trois ans et je sais que j'ai perdu. Beaucoup plus qu'un emploi. Des lambeaux entiers de mon être ont disparu dans les années qui ont précédé la maladie (mais j'étais déjà malade, il ne manquait que les symptômes), et dans la maladie elle-même. Ma vie m'a échappé quelque part entre mes dix-sept et mes vingt ans. Il n'en reste que des poèmes maladroits et quelques dizaines de lignes. Je me suis brisée comme du verre. Cela ne m'empêche pas de rire encore. Je sais que je reste à jamais cette cathédrale d'os derrière tant de chair, cet autel au refus et à la rébellion.

Depuis quelques jours à peine, dans la nuit, je me surprends même à écrire.

Merci :

À celui qui partage ma vie,

À une certaine Mercredi qui était là à chaque moment où ça n'allait pas, qui l'est toujours,

À Arthur d'avoir été présent à sa manière pour ses mots et ses cravates roses et violettes,

Aux étoiles qui là-haut veillent,

À tous ces mots écrits par d'autres et qui m'ont nourrie jour après jour,

À ma fille, d'être tout simplement.

Claire

« *Vous dites : c'est fatigant de fréquenter les enfants. Vous avez raison.*
Vous ajoutez : c'est parce qu'il faut se mettre à leur niveau,
se baisser, s'incliner, se courber, se faire petit.
Là vous avez tort.
Ce n'est pas ce qui fatigue le plus. C'est plutôt le fait d'être obligé
de s'élever jusqu'à la hauteur de leurs sentiments. De s'étirer,
de s'allonger, de se hisser sur la pointe des pieds. »

Janusz Korczak

« Arrête ta pièce de théâtre, elle n'intéresse personne. »

Son cri a traversé la chambre, claqué contre les murs, a heurté la fenêtre et toute son intensité a attrapé mon cœur, l'a serré et empoigné. Je n'ai pas eu la force de répondre, rétorquer qu'il se trompait.

Mon père, qui avait brillé par son absence, m'avait touchée. Coulée. Déjà plusieurs années que je souffrais d'un mal que personne ne parvenait à éradiquer. Ni moi ni mes Autres, batterie de médecins, psychiatres, psychanalystes et kinésithérapeutes rencontrés au travers d'un périple de soins. Périple tantôt demandé, tantôt subi.

Menteuse, je l'étais. Dissimulatrice et manipulatrice également.

J'avais dévalé les escaliers quelques jours auparavant, à bout de force, tête la première pour une sombre marche que mes yeux embrumés n'avaient pu voir. Pas le temps d'avoir peur. Je n'avais pas crié, ni pleuré. Juste, je ne m'étais pas relevée. Pourtant j'avais eu mal. Mais n'avais rien dit. Lorsque ma mère est arrivée en courant, c'est elle qui a eu peur. Que je sois morte, gisant à ses pieds. Elle qui ne dormait pas, de peur que j'en meure pendant la nuit.

Je ne contrôle ni mes envies, ni mes émotions, ni mes sentiments, aussi exacerbés soient-ils. Que tout le monde l'entende, je ne joue pas. Je ne suis pas une comédienne, devant son public familial ébahi par tant de ténacité à ne pas manger. Pas celle qui pinaille dans son assiette afin de mener à bien un quelconque régime. Non.

Mes parents ne savaient rien de mes crises gargantuesques, et n'en découvraient que les restes. Ni de ces stigmates sur mon corps, que leurs yeux évitaient. Qui peut leur en vouloir ? Personne, pas même moi.

Si jugement il devait y avoir, ils n'écoperaient d'aucune peine, pas même celle qui correspondrait à « non-assistance à personne en danger ». En revanche, j'aurais la plus lourde. Coups et blessures volontaires, tentative de meurtre à petit feu, abandon. Les chefs d'accusation sont nombreux. J'ai la sensation de ne rien y pouvoir, que, sous mes pieds, il n'y a que du vide, du rien. Alors comédienne, non. Meurtrière peut-être.

Pour oublier qu'on m'a volé mon enfance, mon corps, mon cœur et ma famille, c'est nettement plus simple de se rabattre sur ce qui va ponctuer les heures d'une journée : ce que j'ai mangé, ce que je n'ai pas mangé, ce que je voudrais manger. Et finalement, chaque moment est réglé par cette montre de déjeuner et dîner.

Vous ne vous posez pas nécessairement de questions lorsque la fourchette est portée à votre bouche, ou lorsque votre main ouvre le frigo. Peut-être : « En ai-je envie ? » Cette question-là ne fait désormais plus partie de mon quotidien. Évincé, l'appétit a également quitté le nid stomacal. Avoir faim ? Pour quoi faire, après tout ?

S'accrocher à l'utopie et n'en faire qu'à sa tête. Préserver ou anéantir cet espace de démence ? Un peu comme une voiture qui fonce dans le mur et dont le conducteur semble savoir où il va.

Je ne suis pas comédienne. Simplement dégoûtée par le lever du soleil, mes yeux éblouis sous un front large, dans cette tête aux pensées sombres et velléitaires.

✳ ✳ ✳

> *« J'ai l'honneur de vous informer que l'affaire dont vous faites état a été classée pour cause d'absence d'infraction. »*
> Le procureur de la République, tribunal de grande instance, février 2003

Tout a commencé il y a longtemps. Emmêlée dans un sac de nœuds dont l'un est des plus innommables qui soient pour une femme. Je mangeais encore, à petites doses. C'était long et ça prenait un temps fou. Et puis j'étais une enfant difficile à l'heure des repas. Tout a commencé il y a très longtemps. Un des nœuds du sac pourrait être ce vol d'une innocence de gamine.

En mai 1992, j'ai écrit quelques mots sur un journal intime. Légitimer ma vie, parce que me confier à un ami imaginaire ne me suffisait plus, j'ai donc posé des faits sur les pages rose pâle.

Lorsque je relis ces écrits, je me rends compte que je commençais déjà à me faner mais ne laissais surtout rien voir. Et je trichais déjà, avec les chiffres surtout. Je commençais à me peser au début de 1993. Mon âge n'avait pas encore atteint la dizaine. C'est la solitude dans ce carnet qui scintillait, qui brillait et qui appelait au secours. Au cours de cette neuvième année, j'avais déjà envie de mourir et je comptais bien arrêter de respirer, la tête plongée dans l'eau du bain.

Au détour d'une page, une phrase m'a interpellée : « Il m'a embrassée. Partout. » Mais il ne fallait rien dire, ni paraître, il fallait juste taire l'impossible, juste rendre silencieux ce qui hurlait déjà à l'intérieur de moi. Famille. J'avais écrit Famille. Je n'avais personne à qui parler, personne qui aurait voulu écouter des horreurs sortir d'une si jolie bouche d'enfant. Alors exprimer à ma mère, avec des mots, ce qui se tramait chez ma grand-mère et ce que je pouvais y subir ressemblait à l'innommable.

Je me suis peu à peu effacée. J'ai tenté de sauver les meubles, de faire face devant tous, eux qui se disaient ma famille. Et j'ai fini par comprendre des années plus tard que ça n'aurait jamais dû avoir lieu. Je me nourrissais de ce que j'écrivais sur ce papier. Mes notes, mes amoureux de l'époque, ce qui se passait à l'école, à la danse, longtemps j'ai listé tout, toujours, tout le temps, il me fallait des suites de preuves que j'avais existé dans une journée.

Encore aujourd'hui, je note, et je sais que je continuerai, tout comme « ça » continuera à peupler mes nuits et à hanter mes jours. Parfois il suffit d'une odeur pour que tout resurgisse, les pièces cachées du puzzle qui sortent des tiroirs comme des fantômes issus du passé. Qui se manifestent, qui hurlent à tort et surtout à travers et qui se moquent de moi.

J'avais huit ans et tout s'est subitement compliqué. Il ne s'agissait plus de jouer à la marelle de la même manière. Je suis morte ce jour-là, mais je ne l'ai pas compris tout de suite. Tu as disposé de moi comme un jouet qu'On offre à un garçon de son âge. Rien ne sera plus aussi affreux que la lecture de ces quelques lignes à présent. Ces lignes d'une enfant gaie qu'On a perdue depuis. Tu m'as assassinée, méprisée, et tu as jubilé, extatique jouissance de ton droit d'aînesse et de ta perversité.

Mes parents n'ont jamais bien compris pourquoi je suis devenue comme ça, comment ils n'ont rien vu et pourquoi je ne me suis pas confiée à eux. Insidieusement, je me suis mise à compter les calories dans les yaourts blancs de la cantine, rechignant à terminer cette insignifiante dose d'énergie journalière. Je devenais anorexique.

On ne sait pas très bien non plus quand situer tout ça. On dira que tout a commencé lorsque mes parents ont décidé de déménager, de nous déraciner de notre vie d'enfants, mon petit frère et moi. De me séparer de mes copines d'école, de notre immeuble en ville, pour s'installer dans une demeure plus bourgeoise, en banlieue chic. J'entrais en cinquième. À quatorze ans, je savais qu'il se passait quelque chose qui ne collait pas.

Bien sûr, il serait trop aisé de les rendre responsables de mon état d'aujourd'hui. Trop raccourci. Et pourtant, ils ont suivi le chemin des parents types : mère très présente, père très absent et frère usurpant ma place d'enfant reine. Très tôt, j'ai vu que je pouvais tout obtenir, qu'ils ne me refuseraient rien. Une famille lisse dans laquelle les vagues sont proscrites. Et puis derrière, ces silences, ce non-dit et un abandon impardonnable.

Petite fille modèle. J'étais une enfant docile et très bonne élève. J'aimais beaucoup jouer à la corde à sauter, à la marelle, aller jusqu'au ciel et me retourner en riant. Longtemps il m'a manqué les deux dents de devant. J'ai changé d'un seul coup. Peut-être que ce revirement a eu lieu au collège, mais le mal était ancré bien avant, le meurtre avait déjà eu lieu. En fait, tout ça a été une suite de maux, une accumulation de brisures et de fêlures qu'il m'a fallu colmater comme j'ai pu. Et la nourriture, cette fixation m'a permis de le faire.

Se taire par peur, se taire par honte, de savoir que ces choses-là ne se font pas entre personnes d'une même famille, que mon « non » n'était pas entendu ni écouté. Je n'avais que huit ans la première fois, âge où l'on saute à la corde dans la cour de récréation, âge où l'on s'invente une vie de princesse entre copines.

J'ai eu l'amère douleur d'être ton jouet. Tu savais déjà comment on fait souffrir une petite fille. Me forcer à t'embrasser, « avec la langue » le plus longtemps possible, parfois au-delà des limites de ma propre respiration, pour voir ce que ça faisait.

Notre grand-mère qui ouvre la porte de notre chambre quelques années après cette première fois, qui la referme sur moi, muette et impuissante face à toi qui, imperturbable, continues ton exploration. Il faut essayer de croire qu'elle n'a pas compris ou qu'elle n'a pas cru à ce qu'elle voyait. Je ne compte plus les mercredis passés à craindre ta présence chez elle, réclamant d'aller au centre aéré, de manger à la cantine le midi, à l'époque où tous les gamins souhaitent rester chez leurs grands-parents à regarder à la télé des dessins animés débiles, que tu avais l'autorisation de voir. Moi pas.

Et puis tes parents se sont séparés, j'ai subi alors ton mépris une semaine sur deux et la moitié des vacances. On a grandi et j'ai voulu refuser que tu entres dans ma chambre quand on dormait chez notre grand-mère. Tu y parvenais toujours, non sans prendre garde à ne pas faire de bruit, pour ne pas la réveiller. J'étais tétanisée. Depuis je ne dors plus. Tu m'as obligée à te faire certaines choses dont je suis aujourd'hui incapable ne serait-ce que de prononcer le nom. « Pour voir ce que ça pouvait me faire », tu disais. Pour voir quel serait ton plaisir.

En vacances dans le Sud, dans cette grande maison que notre grand-mère avait louée. Tu avais insisté pour qu'on dorme dans la même chambre. J'étais muette. Mes quinze ans contre tes dix-huit et ta perversité. Tu jubilais de me voir baisser le regard, de honte, face à ton père qui nous demandait si on avait bien dormi, le mépris que j'ai lu dans tes yeux d'Homme supérieur, intouchable parce que fils aîné du fils aîné. La violence dont tu as fait preuve me terrorise encore aujourd'hui. Encore aujourd'hui je suis attentive aux bruits de pas, de porte. Encore aujourd'hui mes nuits sont courtes et semées de réveils. Encore aujourd'hui je baisse les yeux. Pourtant plus de dix ans ont passé.

Sur les photos, je suis sans vie, pâle et les yeux hagards aux côtés d'enfants bien vivants. Ton père, frère aîné de ma mère, estimait que ma sensibilité était trop grande lorsque je quittais la table en larmes après avoir subi une de tes railleries ou ton pied qu'il n'avait pu voir, le long de ma cheville. La seule fille de la famille. J'étais la seule fille.

La fois où tu m'as obligée à m'allonger sur le ventre à moitié sur ton bureau, me tenant par les cheveux, ta main sur ma bouche pour éviter que je hurle. Pour voir ce que ça faisait. Toujours, l'expérience. Remontant ton pantalon, le regard hautain et le sourire aux lèvres, moi humiliée, assise à même le sol, sans vie, sans voix. Nous étions plus vieux, j'avais déjà commencé à arrêter de manger.

Une nuit, ta main posée sur moi alors que nous dormions avec un autre de nos cousins. Ce fut la dernière. Tu avais assez joué. Je devais avoir seize ans et quelques mois. J'ai cessé de voir notre famille, évitant avec le plus grand soin les soirées, les anniversaires. Noël. Intérieurement je hurlais, je me détestais, je voulais me voir morte, lisse de toute trace. Je me suis effacée, obéissant de façon inconsciente à l'éducation machiste dispensée par notre grand-mère, docile, j'ai subi jusqu'au bout. Et j'ai tu ces années. Jusqu'à un jeudi de novembre 2000.

Ne trouvant aucun moyen d'éviter une soirée familiale, j'ai décidé de me confier à mon professeur de biologie. En demandant d'abord quoi faire en cas d'inceste ou de viol, « pour une copine », qu'est-ce que c'était réellement… J'ai exposé ma situation comme si elle m'était étrangère et qu'il ne s'agissait pas de moi. J'ai expliqué à demi-mot, elliptique, mais c'était suffisant pour qu'elle comprenne. J'étais déjà étrangère à ma propre vie, anesthésiée.

Elle a posé ce jour-là beaucoup de questions. Les unes à la suite des autres. J'ai cru que ce que j'ai pu dire allait faire cesser ces terreurs internes, me sortir de ce mutisme inhérent à ma vie passée. Que peut-être, une fois déposé tout ça, j'allais pouvoir vivre quelque chose de normal, ôter ce masque qui devenait de plus en plus lourd. Elle a prévenu le médecin scolaire et m'a emmenée à l'infirmerie. Je m'y suis effondrée. Le médecin m'a proposé une sorte de pacte : parler à mes parents en rentrant pour qu'ils puissent la rencontrer. En réalité elle avait effectué la procédure classique le soir même : un signalement, enfant en danger. Mes parents ont été convoqués. Moi j'étais terrorisée à l'idée d'avoir parlé, impression d'être encore plus sale qu'avant, je ne pouvais pas les regarder dans les yeux, personne. J'ai encore du mal aujourd'hui à ne pas baisser le regard lorsqu'il s'agit de parler de moi à la première personne du singulier. Honte, sale, humiliée de devoir me souvenir de ces images, envie de vomir, de me vomir entière, et de disparaître.

Mes parents ont été anéantis. Mais Noël approchait et il fallait faire semblant, ma mère souhaitait que cette sombre histoire ne soit pas ébruitée. Surtout, elle voulait en parler à son frère, sa mère. Après tout j'avais subi en me taisant depuis des années, ça n'allait pas changer grand-chose ces quelques semaines de plus. J'ai été d'accord. Mon père aussi. Ils sont tombés des nues mais ont gardé leur façade de famille unie. Avec mes parents, on n'en a jamais parlé. Jamais. Il ne fallait pas. Ce Noël a été un calvaire.

Quelques mois plus tard, au début de février 2001, un inspecteur de la brigade des mineurs a appelé à la maison. Pour que je sois entendue. Mes parents ont été soulagés que mon frère ne soit pas tombé sur le message. Mais et moi dans tout ça ? Je me souviens des questions, précises, sèches. J'avais honte, j'avais peur, j'avais surtout mal. Et j'étais seule.

Là, dans ce bureau glauque, j'ai fumé, recroquevillée sur la chaise. Elle, l'inspectrice, m'a demandé si j'acceptais d'être filmée. J'avais refusé. Avec le recul je regrette. Si mes mots sont restés sur le papier, les émotions, vomies dans cette salle dont les murs rétrécissaient au fil de la déposition, se sont envolées. Les larmes d'amertume et de peur que seule cette femme a vues se sont enfouies et depuis ne sont jamais ressorties.

Cinq heures en ce lundi après-midi auront suffi pour un seul et unique grand déballage de rage, le seul authentique. Tout est allé très vite. Dans cet état second, état de choc, ma mère m'a ramenée chez nous, en silence. Elle avait lu et signé ce que j'ai dit. Elle n'a pu saisir l'ampleur des dégâts. Des jeux d'enfants.

Je suis morte quand je suis devenue l'objet de sévices sans nom, malléable. Hormis ces violences sexuelles qui suscitent honte et horreur et ont handicapé à vie ma sexualité de femme, tu n'as pas eu besoin d'utiliser un quelconque chantage physique, tu savais que je ne serais pas crue. Tétanisée et à terre, je ne savais ni à qui me confier, ni comment le faire. Manipulateur, deux visages, un seul et même adolescent : angélique pour eux et terreur et perversité pour moi.

Je ne veux pas parler, parce que je ne veux pas que le regard des gens change, je ne veux pas lire ce que je vais y lire. Je ne veux pas croiser les yeux de ceux qui savent. Pour ne pas m'y voir. Pour ne pas souffrir un peu plus. Par peur de revivre une nouvelle humiliation. De revoir ce qu'il s'est passé.

On dit : « Mais pourquoi n'a-t-elle pas parlé ? » Parce qu'il était impossible de se confier, de faire tomber la tête d'un héritage. Peut-être que si j'avais parlé, au début, ça n'aurait pas dégénéré, les limites auraient pu être posées et les barrières remises en place. Au commissariat, il s'agissait de parler pour être crue aussi, pas seulement pour poser un bagage lourd, mais pour qu'une place me soit accordée, libre pour ma parole d'enfant.

Finalement, est-ce que les choses auraient changé ? Auraient-elles été différentes ? J'en doute : je suis restée muette à force de persuasion qu'on ne me croirait pas. Le pire, c'est que tu avais raison. Parler ne m'a apporté que la responsabilité d'un chaos familial. Qui croirait ça de toi ? L'image de la branche maternelle est tellement lisse que personne ne peut l'érafler. Ma tante maternelle n'a rien cru de tout ça. Son ex-mari s'est aussi confié un peu à moi quelques années plus tard, il avait beaucoup douté à l'époque. Qui croirait ça de toi ?

Ma parole contre la tienne. J'ai perdu mais me suis auto-sabordée. La première audition m'avait fait comprendre que j'étais la plus seule de tous, contre toi mais pas seulement. Contre tous ces adultes aussi. Alors quand il a fallu de nouveau être entendue le lendemain, je me suis rétractée. Dans le hall, le deuxième jour, j'ai entendu une simple phrase, prononcée par ma grand-mère, ces mots que jamais je n'oublierai et qui m'ont achevée une nouvelle fois : « Ce ne sont que des jeux d'enfants, lieutenant. » Ce jour-là, j'attendais dans la pièce pour les enfants de la Brigade des mineurs pendant que ma mère lisait ma déposition, la seconde. L'inspectrice est venue et m'a demandé « si je ne préférais pas que tout s'arrête là ». J'ai hoché la tête et tu as été relâché de ta longue garde à vue d'une demi-journée. Cyniquement, avec une amertume coupable, je m'en remercie.

Le silence, maître mot d'un abus, a régné tant qu'il a pu. Et a même refait surface une fois les premiers mots sortis...

✳ ✳ ✳

Parce que vivre, c'est le plus bel effort qu'on puisse exiger de moi. Vivre, c'est accepter d'enfoncer le couteau dans la plaie béante qui ne semble jamais vouloir se refermer. J'ai mal de moi. Ce genre d'abus m'a laissé le choix : une inhibition sexuelle totale ou une attitude symbole d'indécence. Pour abandonner ce qui sert de carcasse à tous les hommes venus. Dans les deux cas, le corps n'existe plus et il est nié.

Inhibée, je n'ai eu de cesse de m'humilier un peu plus encore, de me venger. De l'indécence, il subsiste le sentiment que je ne me retrouverai jamais et que je me suis perdue. J'ai dormi tellement de nuits dans le lit de garçons dont je ne connaissais pas le nom. Au départ, il y a seulement une écoute défectueuse dans une famille certainement trop liée. Famille enfermée.

À l'arrivée, je n'existe plus en tant que femme. La peur d'un regard trop insistant ou le douloureux souvenir d'une odeur masculine sont présents encore et le seront peut-être toujours. Ce qui est sûr, c'est qu'on n'oublie jamais. Et que, chaque jour qui passe, on se demande si on sera à nouveau capable d'aimer et de faire confiance. On craint le regard compatissant de celui qu'on aime ou, pire encore, les yeux qui fuient les nôtres.

Je suis sortie avec un nombre incalculable d'hommes et ai dormi à leurs côtés. Je m'en moquais. Mais le pire n'est pas d'avoir mauvaise réputation et l'attitude qui va avec, non. Ni de coucher avec le premier venu. C'est de ne pas réussir à faire comprendre que « non » veut dire « non ». Je n'ai jamais pu refuser qu'on s'allonge sur moi, ivre ou à jeun. Je me suis simplement laissé faire parce que j'avais déjà vécu le pire. Je suis devenue celle qui est avec plusieurs conquêtes en même temps, en plaquant un pour faire souffrir un autre. Malgré les bruits qui circulaient sur moi, à juste titre, ce n'est pas cette mauvaise image de moi qu'ils me renvoyaient qui a fait que, du jour au lendemain, j'ai arrêté de sortir avec n'importe qui. Non, je suis simplement tombée amoureuse. Et par peur de la contagion d'un passé trop sale et de la compassion ou de la pitié, j'ai fait fuir comme j'ai pu le seul et unique garçon que j'ai aimé et en qui j'avais confiance. Je n'ai jamais plus été amoureuse depuis. J'ai perdu une partie de ma vie, et courir après ne pourrait me la rendre. C'est trop tard.

Souvent j'ai revu dans mon sommeil ce sourire en coin, un rictus qui déformait ton visage. Jubiler a dû être pour toi le mot qui convenait, pervers eût été plus adéquat et plus fort encore. Mais aujourd'hui la roue se doit de tourner et je sais qu'un jour, tu seras face à la réalité, surtout que je pourrai te regarder dans les yeux, droite, fière en te disant quel monstre tu es, devant témoins et justice. Bientôt on se retrouvera. Entre nos avocats.

✷ ✷ ✷

J'ai perdu la mémoire des choses et de mon vécu. Aujourd'hui, il me manque encore certaines pièces capitales du puzzle. Et souffrir de troubles du comportement alimentaire, ce n'est ni un caprice ni un passage éphémère. Je prenais trop de place dans cette famille éclatée, trop de responsabilités pour mes petites épaules. J'ai accepté ces missions de grande. Pour grandir justement et avoir une utilité. Il m'a fallu évoluer toute seule, au milieu d'eux, tout en restant à part de ce couple parental, couple avant d'être parents.

Mon histoire, elle est simple et compliquée à la fois. Avant je n'étais que moi. Une petite fille comme beaucoup d'autres. Qui rêvait beaucoup et restait les yeux ouverts à fixer le plafond dans son lit, exemplaire parcours scolaire, sans faute artistique. Un jour je suis morte, et le jour d'après n'a plus jamais eu lieu. Ma route a croisé celle de mon cousin, aîné d'une poignée d'années.

J'étais la participante d'une tragédie familiale que je me devais de taire. Et j'avais déjà cette trouille au fond des tripes, celle de

dormir. La peur de la nuit m'a causé de nombreuses insomnies, plus encore lorsque j'ai compris que, dans cette chambre
chez ma grand-mère, je ne serais plus jamais à l'abri. De rien.

Ninou, ma grand-mère, aujourd'hui j'aurais voulu qu'elle ravale
ses mots comme moi j'ai ravalé ma peur, ma haine, ma colère
sourde à leurs oreilles. Comme moi j'ai avalé d'autres choses. Je
me suis perdue dans ce dédale d'adultes qui ne m'ont pas
protégée comme ils auraient dû le faire. Mais il y a des parfois
où être démuni se comprend. Se sent. Les gens oublient avec le
temps. Moi pas. Ma mère ne m'a pas soutenue, ni écoutée, ni
entendue. Elle a pourtant signé au bas de la feuille de ma déposition qu'elle n'a lue qu'en diagonale.

Qu'elle ait subi des pressions familiales, je l'entends aujour-
d'hui, mais ça n'enlève rien au couteau que j'ai encore au fond
de l'estomac. Pressions ou pas, c'était à eux de me protéger. Je
ne suis que l'enfant de mes parents. Pressions ou pas, mon père
aurait dû vouloir le voir mort. Ça n'a pas été le cas. Nous avons
tous fait semblant, nous avons fêté Noël « en famille », alors que
nous savions tous les trois. L'innommable. Nous savions et nous
n'avons rien fait. Nous avons invité tout le monde à chanter et
rire en famille ce jour de Noël. Décembre 2000 a parsemé ses
jours de froid, et dehors l'air sentait la famille et la gaieté. Moi,
à l'intérieur je me délitais.

J'ai perdu, je n'ai pas lutté, je n'ai pas pu. J'étais une gamine
qui ne savait pas, à qui on disait « un inconnu n'a pas le droit
de te toucher si tu ne le veux pas ». Il ne m'était pas inconnu.
C'était ma famille. Ma grand-mère m'a élevée comme si

j'avais été la sœur de ma mère, dans cet esprit de servitude à l'égard de la gent masculine.

Peut-être que c'est là que j'ai compris que je ne pouvais pas me défendre. Mon histoire, finalement, elle n'est pas si simple que ça. Elle est tellement compliquée que je ne peux pas défaire les nœuds qui m'ont piégée dans le filet des troubles du comportement alimentaire. Inceste et viol, absence du père, omniprésence de la mère chapeautée par la grand-mère, non-aboutissement d'une mesure de justice ? Je suis donc faite de ça, de démissions, d'injustices, de solitudes, de cassures, de perte de repères. C'est ce qui constitue ma chair.

Finalement, je crois que la clé est là : crier au monde entier ce qui révolte, ce qui donne envie de vomir, ce que la vie nous a offert. En faisant saillir ses os. La haine a fait partie intégrante de moi et, contre ça, on ne peut rien faire. La crier sur le pont Mirabeau ne soulage que temporairement. Quant aux RER et autres métros, ils m'ont regardée sur le quai, ils sont passés dédaigneux et mon courage avec. Un homme m'a attrapée par le bras un matin de novembre. Prudemment il m'a ramenée à la réalité. En gare de Lyon, sur le quai du RER tout en bas, il venait de me sauver la vie. En tenant ma main, il m'a remontée en haut des escalators. Quand il m'a relâchée, il a souri tristement. Il a fait demi-tour et m'a laissée, en se retournant de temps à autre, pour vérifier. C'était trop tard, je n'avais plus le courage de me jeter sous les rames du RER. Je n'ai jamais pu le remercier.

✷ ✷ ✷

Je n'ai pas su trouver ma place dans cette famille. L'attention de ma mère s'est portée sur un petit frère tant haï. Il a été et est resté à sa place d'enfant roi à qui on doit tout céder, quitte à en faire un jeune homme irascible. Comme le frère de ma mère, puis son fils. L'histoire se répète, inlassablement, éternelle famille d'hommes gérée par des femmes qui se plient à leurs exigences parfois abracadabrantes. Souvent ahurissantes.

Ce petit frère qui avait toujours raison, parce que plus petit, parce que garçon, qu'il ne fallait pas contrarier, a souffert de ma jalousie maladive qui s'est muée en haine viscérale. J'avais échoué parce qu'il m'avait évincée. J'avais été mise de côté et n'ai jamais pu regagner le cœur de mes parents.

Ce n'est pas une question d'amour, mais de preuves d'amour. J'aurais voulu que nous recevions l'affection de nos parents avec la même intensité. Il a souffert de l'anorexie qui m'a dévorée, mais il a su s'éloigner de tout ça avant d'être happé par le symptôme d'une sœur à qui il a manqué un vrai frère, petit, à sa place de petit frère à choyer, pas à servir comme un roi. Il a été meurtri aussi par la force avec laquelle j'ai pu le rejeter parfois. Et je suis passée pour la méchante petite fille contre le tout petit gentil garçon.

Chez nous, tous les fils, aînés ou non, ont été éduqués de cette façon, à attendre d'être servis. À table, ma grand-mère et moi jouions au jeu de celle qui se lèvera le plus vite pour aider ces messieurs. Combien de fois ai-je entendu « Claire, aide ta mère », ou encore « cette part est mieux, laisse-la à ton frère ». Je n'ai jamais su dire non. Ni faire autrement que de servir le fils, l'homme, le père, l'oncle.

Nous sommes une famille en forme de mobile sans musique : lorsque l'un va mal, les autres s'en rapprochent et, comme des vases communicants, deviennent ceux-qui-vont-parfaitement-bien. Ils font levier pour celui qui ploie, pour que tout reste en place. Les symptômes se déplacent de l'un à l'autre jusqu'au moment où ils trouvent le porteur adéquat. Ce fut mon cas, l'anorexie et la dépression qui se sont déclenchées conjointement ont été les symptômes parfaits de leurs inquiétudes. Ils n'avaient plus qu'à se recentrer sur moi et l'équilibre global était sauf.

✻ ✻ ✻

Les non-dits, les silences, les refus de conflits, le manque de remous, l'absence de révolte, tout ça nécrose la famille-bulle, qui se recentre sur elle et sur le symptôme. Les uns sont soudés aux autres quoi qu'il advienne. Sauf quand une pierre vient perturber les rouages. La justice nous a violemment séparés en deux camps : ma mère, qui ne savait que faire face au reste de sa famille, et moi. Mon père ayant endossé le rôle de celui qui ne dit mot. La haine, les conflits sont bannis. Surtout ne pas faire de vagues. Mon père, qui pour préserver ce qu'il appelle l'unité familiale, et surtout sa façade de famille idéale et rangée, s'est tu alors qu'il n'aurait pas dû. Il est des choses que l'on pardonne et d'autres non. S'il estime qu'il ira bien quand j'irai mieux, j'ai plaisir à lui dire qu'il aura un poids de souffrance en moins mais qu'il n'aura rien réglé de ses propres faiblesses et de son propre héritage familial.

Ce qui n'est qu'apparence ou trompe-l'œil a pesé sur mes épaules. Est-ce que tout ça aurait continué si j'avais gardé mon masque de cire ? Si je n'avais pas craqué sous le poids de la douleur ? Ces questions sont irrésolues. Mes parents ne sont pas responsables. Même si amour et haine cohabitent trop souvent, ils ont fait comme tout parent avec les moyens du bord, ceux dont ils disposaient à l'époque où ils m'ont éduquée, où je me suis construite. Ils ont essayé, je pense, je m'en persuade, de faire comme ils ont pu. Ils n'ont jamais su tenir tête à ma grand-mère. Nous avions, mon frère et moi, des consignes strictes : ma mère a peur du jugement de la sienne, non sans raison. Il ne fallait rien dire, parce que notre grand-mère pensait que sa fille nous avait mal éduqués. Nous respections la demande de ma mère de ne pas dire ce que nous faisions en famille mais il a été difficile de mentir à ma grand-mère parce que sa fille redoutait d'être jugée.

Dans cette bulle, il y a donc ma grand-mère maternelle. Une histoire de femmes. Celle qui maîtrise tout, non pas d'une main de fer, mais d'une culpabilisation de velours. Celle à qui je dois pardonner parce qu'elle a passé l'âge où elle peut comprendre certains maux. Celle qui à chaque sourire qu'elle distille fait pétiller mes yeux d'amour, malgré son manque d'impartialité dans cette affaire et sa difficulté à saisir que désormais rien ne sera et rien ne pourra être comme « avant ». Mais c'est elle qui me parle. Qui me raconte sa vie et celle de ses filles. C'est mon souvenir, mon livre, celle vers qui me tourner lorsqu'il me manque une page, puisque ma mère ne sait pas le faire.

Je lui ai écrit une lettre, une nuit de colère, enfermée dans ma chambre blanche de la clinique. Assassine et dure, il n'y a aucun regret. Je lui ai vomi ce que j'avais sur le cœur, sur son implication trop grande dans ma vie de petite fille puis d'adolescente, sa trahison d'avoir donné à mon cousin l'adresse de la clinique dans laquelle j'étais soignée. Pour réconcilier sa famille, au détriment de la vie de femme de sa petite-fille. Moi. Ça n'a rien changé. Quelques mois plus tard, elle m'a écrit que l'amour qu'elle porte à Dieu surpassait tout ou presque. J'ai eu besoin de lui expliquer, de lui dire le mal qu'elle m'avait fait par son comportement possessif et manipulateur. Pourtant, il n'y a pas plus généreux qu'elle. Certes, elle m'a giflée pour les bêtises de mes cousins. Mais ce qui m'a détruite, ce ne sont pas ces actes, ce sont des paroles, des attitudes ostentatoires de préférence pour Lui, le fils de son aîné. Chez nous, le droit d'aînesse n'a pas seulement existé en tant que droit pour Lui, mais en tant que devoir pour moi. Je ne sais si elle a oublié cette lettre, si elle l'a brûlée, ou si, au contraire, de temps en temps elle la parcourt les yeux pleins de larmes. J'aimerais qu'elle ait compris, mais j'en doute. Elle ne saura jamais quel mal elle a pu faire. Peut-être est-ce une bonne chose. Pour elle.

À ses côtés, j'ai grandi, beaucoup. Mais j'ai aussi perdu. Ma mère par procuration restera ma grand-mère, les rôles se sont mélangés, trop pour comprendre maintenant qui est et a été ma mère d'éducation.

Je crois que ma vraie mère m'a manqué, celle qui aurait dû sécher mes premières larmes de chagrin d'amour, celle qui aurait dû me serrer dans ses bras. Qui ne l'a pas fait, « parce que mon frère a toujours été câlin et pas moi ». Qui ne l'a pas fait parce qu'elle avait trop à faire avec ses concours, son travail. Qui ne l'a pas fait tout simplement, peu importe pourquoi en réalité. Elle ne l'a pas fait et m'a manqué. Point.

Dans cette famille-bulle il subsiste un sentiment amer de sacrifice. Cette souffrance sourde est pleine de colère, envers eux, envers moi. Ça ne m'empêche en rien d'aimer mes proches, mais cette émotion est perturbante. Comment les aimer et les haïr en même temps ? Sacrifiée, pourquoi, pour qui ? Au nom de quelle stabilité ? Pas la mienne. Ni la leur, puisqu'ils souffrent de moi, par et pour moi. Trop de leurs démissions se sont bousculées dans ma tête, trop de silences dans leurs paroles, dans celles de ma mère.

✳ ✳ ✳

Sur les performances scolaires et artistiques, le problème ne s'est jamais posé autrement que par « Dix-neuf ? Oui, c'est pas mal ». Jusqu'en seconde. À partir du lycée, j'ai compris que je pouvais vivre et fumer la nuit, et dormir en cours, que je pouvais boire jusqu'à une perte totale de lucidité, voler des voitures avec les garçons avec qui je couchais et m'asseoir à table à côté de mes parents. J'ai roulé sans permis, j'ai bu dans les bouteilles paternelles. Et si mon parcours s'est entaché d'un redoublement en terminale, à partir de l'année qui a suivi je me suis plongée dans le fastidieux mais réalisable projet d'être l'étoile de la classe comme j'avais été le « rayon de soleil » de ma famille élargie. J'ai définitivement arrêté de m'alimenter ou presque.

J'y suis parvenue, ayant oublié ce que manger veut dire. Deux ans de fac de médecine ont renforcé ce paradoxe : je n'avais besoin de rien pour tenir. Avalant des litres de thé et de café, j'ai mangé mes cours du matin au soir à défaut de me nourrir réellement, ma nourriture spirituelle était constituée à cette époque de mots pour oublier mes maux. On se noie dans ce qu'on peut. Inconsciente et inconsciemment.

Je ne sais où j'ai pu puiser ces ressources qui semblaient infinies. Je tenais grâce à des champignons en boîte, froids et insipides, noyés dans de la moutarde, arrosés de Coca-Cola light en canettes. Du lundi au samedi, de 6 h 30 à 20 heures, j'ai emmagasiné les couches de formation de l'embryon, buté sur la gastrulation et le processus d'ontogenèse, imprégnée par le cycle de Krebs, j'ai compris et recraché de l'immunologie à tour de bras. En réalité, en abordant la phagocytose, je me phagocytais. Les processus biochimiques sont devenus ces années-là mes meilleurs amis et m'ont permis de survivre à tout ce marasme qui accompagnait ma vie. Et j'ai réussi le concours de première année de médecine. L'école m'a sauvée avec en tout et pour tout moins d'un cinquième de l'apport journalier en calories nécessaires au bon fonctionnement du corps humain. Des années après, et de façon étrange, j'en suis fière. Malsain ? Peut-être. Mais si j'ai brillé par mes résultats, j'étais également complètement extérieure à moi-même, dédoublée et en état second.

* * *

« *Lettre d'amour, amère, à ceux que j'aime.*

Si vos yeux viennent à parcourir ces mots, c'est que j'aurai franchi la balustrade du pont. Mon pont, celui de Mirabeau.

C'est que j'aurai été l'espace de quelques instants ce pantin funambule errant sur vingt centimètres d'une largeur irrégulière.

C'est que je serai devenue ce monstre d'égoïsme. Entière.

J'aurai aussi pesé le pour, le contre d'une mascarade éternelle, du carnaval de ma vie.

Rires moqueurs, diaboliquement sarcastiques se seront aussi échappés de ma gorge en feu.

Ne vous moquez pas de ces mots, ne vous moquez pas de mon geste si peu porteur d'espoir.

Face à la statue de la Liberté. Symboliquement. Observée à la dérobée par la tour Eiffel, j'aurai donc osé. Je serai passée devant l'église d'Auteuil, clignant des yeux à travers mes larmes salées. Puis j'aurai pensé au pont Alexandre III.

Ma vie aura défilé dans ma tête et j'aurai souri. Soulagée, émue peut-être. Mais plus en colère.

Enfin Une, enfin réunie. Plus de dualité.

Et ils auront gagné. Tous. Elle aussi aura gagné, cette Autre. Et elle sera fière.

Si vos yeux viennent à parcourir ces mots, c'est que j'aurai vomi ma vie dans l'eau de la Seine. C'est que j'aurai agi. Comme une grande.

J'aurai réalisé le rêve d'Icare, des secondes éphémères, légère, là, entre le pont et l'eau. J'aurai été la plus conne de tous. J'aurai péché par faiblesse.

Mais j'aurai trouvé ma place, aussi incongrue la trouviez-vous.

Je serai devenue le cadavre qui hante mon visage. »

L'année de mes vingt-deux ans a marqué le début d'une série d'hospitalisations. Quand j'ai écrit cette lettre, je sortais de la clinique dans laquelle je suis restée presque un an. Ce passage de ma vie a été salutaire. Comme dire à ma mère qu'elle n'aurait jamais pu m'aider, ne possédant pas la force de déjouer mes manipulations et mes mensonges, mes caprices et mes pleurs, mes crises d'angoisse et ma folie. La folie, c'est quand je serrais très fort mes poings et que je ne pouvais pas pleurer parce que j'avais le choix entre faire entrer l'air dans mes poumons ou laisser les larmes rouler sur mes joues rougies.

J'ai décidé de me faire aider, nous étions en janvier 2006. J'étais entrée en école de kinésithérapie mais n'arrivais plus à aller en cours. Je restais chez mes parents allongée sur leur canapé, je n'avais plus ni force ni envies. Alors j'ai demandé à être hospitalisée. Il a fallu un mois pour que j'aie le courage d'écrire la lettre de motivation pour rentrer dans cette clinique. Début février le courrier est parti. J'ai pris le train pour Londres, pour m'aérer quelque temps. Et puis ils m'ont appelée. Un lit s'était libéré.

Le 1er avril, je suis descendue de la voiture, je n'étais à ma place nulle part. Des patients dehors se couraient après, sautant dans une salle en passant par la fenêtre. Un autre se promenait en pyjama et en charentaises, hagard. Il était 11 heures du matin. Un samedi. Avec mes parents, on avait tous les trois l'impression de me laisser chez les « fous ».

Je suis tombée comme un cheveu sur la soupe. On m'a fait attendre avant de monter dans ce qui allait être ma chambre pendant longtemps. La 14, avec l'impression que je n'allais jamais la quitter. Je ne sais pas si mes parents se souviennent encore. Chez moi c'est gravé. « L'infirmière est en atelier avec d'autres patients, elle devrait terminer d'ici peu, vous pouvez installer vos affaires, elle viendra vous voir et vous recevra tous les trois. »

Je m'étais assise sur le lit, indécise, le ventre noué par la peur, celle venue des tripes. Mon père était absent et silencieux, comme souvent, et ma mère regardait par la fenêtre. Cette situation a dû être aussi déchirante pour eux que pour moi. Ça faisait six mois qu'on avait entamé une thérapie familiale tous les trois, sans mon frère. Parce qu'il disait ne pas être concerné.

« Regarde, tu vois les montagnes », a murmuré ma mère. En fait, j'étais à mille lieues des montagnes, le regard dans le vide. Des pas s'entendaient dans le couloir, des voix aussi. On a frappé à la porte. Et une dame est entrée. L'infirmière. Elle a parlé, elle a dit qu'elle allait nous faire visiter, que ce serait la première et dernière fois que mes parents verraient là où j'allais passer un moment. Nous avons parcouru les différentes salles de la Maison, déambulé dans les couloirs. Et puis est venue l'heure d'un entretien en famille.

Ce jour-là, on a beaucoup pleuré. Enfin ma mère et moi. Éternel duo amour-à mort. Plus on s'éloigne l'une de l'autre et plus on respire. Mais séparées, on respire l'une et l'autre moins bien, comme s'il manquait de l'air, que le souffle de l'absence était insuffisant. Je ne voulais pas qu'ils m'abandonnent. Mon père a changé les essuie-glaces de la voiture, un peu comme s'il s'attendait à de la pluie sur le chemin vers Paris ou pour parer leurs larmes. Ils sont partis.

Là-bas, j'ai ri, j'ai pleuré, j'ai joué ma mauvaise tête, j'ai craint qu'on ne me mette à la porte, j'ai fait et défait mes valises, inlassablement, sous les yeux médusés des infirmières. Elles savaient que je ne partirai pas. Que je n'avais pas le courage de saborder mon séjour pour des futilités : ma voisine que j'entends vomir la nuit et le jour, mon voisin qui joue pendant des heures à remplir des bassines et à les vider. Un autre qui m'insulte quand il me croise. Là-bas, j'ai appris à dire non. Dans cette petite bulle de sécurité, j'ai appris à grandir, comme une plante qui aurait besoin d'un tuteur.

Les premiers temps ont été difficiles. Pour moi, et pour le personnel. Nous étions tous mélangés, patients à pathologies confondues, mixité primordiale. Ne pas se retrouver enfermée entre anorexiques, pour éviter une éventuelle compétition. Cette malsaine comparaison a pourtant existé, celle qui mangera le moins, celle qui fera le plus d'exercices physiques... Je les fatiguais à courir partout, tout le temps. Et pourtant, je ne m'en rendais absolument pas compte. J'y ai rencontré des patients formidables. Tous, eux, moi, on a appris à revivre. Parce qu'on ne savait plus.

Cette journée, je l'ai passée dans ma chambre à pleurer. Il y avait eu un atelier le matin. Thème. Dans une grande salle, lumineuse, l'infirmière donnait trois thèmes différents, souvent en rapport avec ce qui s'était passé à la clinique la semaine précédente. La peur, la haine, l'amour, le rire, la séparation. Parmi ceux-là, il fallait en choisir un chacun. Et le plus prononcé, doucement souvent dans cette grande pièce, devenait le sujet du jour.

Quand le thème était décidé, nous nous regardions tous dans le blanc des yeux pour savoir qui allait rompre le silence. Et à chacun de parler à son tour. Les trois premiers mois, je n'ai pas parlé ou très peu. Le silence me convenait. Me rassurait. J'ai été pesée aussi, toutes les semaines, parce que je n'ai fait aucun effort pour prendre un peu de poids. Et que j'en perdais, avec jubilation, de jour en jour. Je ne nierai pas avoir aimé, désiré parfois cette perte de poids. Cette perversité, je ne la regrette pas aujourd'hui, pas même le nombre de fois où j'ai menti avant la pesée : je ne m'en rendais pas compte. J'ai triché et triche encore. Ils venaient dans ma chambre, me réveiller certaines fois, parce qu'ils savaient que je descendais d'abord me peser et, si le poids avait baissé, je remontais dans ma chambre et buvais jusqu'à plus soif. Parfois pour rien puisqu'ils pesaient toujours au hasard.

Un matin, l'infirmière m'avait pesée. Je n'avais ni pris ni perdu, mais j'avais avalé un litre d'eau avant qu'elle ne vienne me chercher dans la salle du petit-déjeuner. Le lendemain, je dormais encore, il devait être huit heures, un peu moins, je ne sais plus. L'infirmière de la relève est entrée dans ma chambre, de mauvaise humeur. C'était un vendredi matin. Elle m'a sortie du lit encore endormie, je n'avais eu le temps ni de me peser ni de boire. Je ne m'étais pas méfiée.

Nous sommes descendues toutes les deux dans la salle de sport, pour que je monte sur la vieille balance à aiguille, dont je me souviendrai toujours, celle qui nous gênait lors des moments de relaxation ou en atelier gym. Elle nous angoissait, cette balance, même quand on ne montait pas dessus. Elle était là, ancienne, et nous toisait. Et elle a été changée depuis.

Anxieuse, terrorisée même. Ce n'était pas la première fois qu'on menaçait de me mettre ailleurs si je perdais encore 500 grammes, c'était la rengaine du jeudi, moment où le psychiatre me proposait l'éternel refrain du « si vous ne reprenez pas, c'est la porte ». Pendant dix mois d'hospitalisation, j'ai eu cette épée de Damoclès au-dessus de la tête. Que je gardais volontairement. C'est une question de facilité : il est plus simple, moins courageux de se faire poser une sonde à l'hôpital plutôt que de partir soi-même de cette clinique.

J'ai demandé à l'infirmière si je pouvais garder mon pyjama, j'avais glissé dans mes poches, désespérée, mon portable, un paquet de cigarettes et mes clés d'armoire, convaincue, et surtout affreusement ridicule. Elle a refusé, et j'ai vainement tenté de négocier. J'ai ôté mes affaires, doucement, j'avais froid dans cette salle, et je n'étais ni fière ni rassurée. En sous-vêtements, je suis montée sur la balance. Non seulement j'avais perdu plus de 500 grammes, mais mon poids avait baissé d'un kilo comparé à la veille. Elle n'a rien dit, m'a regardée d'un air que je ne pourrais décrire tellement il a été froid, glacial. Penaude, je suis remontée pour prendre mon petit-déjeuner.

Je suis arrivée en pleurs dans la salle, notre cuisinière ne savait pas pourquoi mais avait compris, je n'oublierai jamais un sourire tel que le sien. Jamais. Elle était désemparée pour moi. À travers mes larmes, ce rideau insondable, j'ai demandé mon petit-déjeuner, biscottes, confiture et pain grillé.

Ce jour-là, celui de la pesée, j'ai tout de même mangé quelques miettes, bien plus lentement que les autres fois, bien plus nouée que d'habitude, le sourire du matin en moins. Je savais qu'ils effectuaient les transmissions : le psychiatre échangeait avec les infirmières pour que celle de garde lui donne le résumé de la veille.

Je guettais, traînais mes chaussons usés le long du bassin à poissons. J'étais restée en pyjama. Et puis le psychiatre est sorti, nous l'avons toisé avec d'autres patients, comme un ennemi qu'il était. L'infirmière est restée dans le bureau. J'étais médusée. Qu'allait-il se passer ? Allais-je devoir faire mes bagages, pour de bon cette fois ? C'était un éternel paradoxe : je mourais d'envie de partir mais j'avais peur d'être mise à la porte.

Elle n'a rien dit, laissant planer le doute toute la matinée. Moi je bouillais. Je crois que ça a été une des matinées les plus longues que j'ai pu connaître là-bas... Partie pour la ville, je suis rentrée en retard, exprès. Presque une demi-heure. Pour me faire remarquer ? J'avais peur malgré ce côté rebelle qui ne voulait pas se taire. J'avais besoin d'eux, je ne voulais pas qu'ils m'abandonnent, eux aussi. J'avais progressé. Et trouvé des parents de substitution puisque les miens m'avaient manqué.

Après le repas, je suis allée chercher des informations au bureau infirmier. L'infirmière était au téléphone, je me suis assise et je lui ai demandé : « Quand est-ce que je dois faire mes valises ? »

Elle a souri et m'a demandé ironiquement : « Pourquoi auriez-vous besoin de faire vos bagages, vous comptez nous quitter ? » Je ne comprenais plus rien, elle m'avait fait comprendre que j'allais partir puis me demandait pourquoi j'en parlais.

Elle a juste expliqué que cette matinée de réflexion devait me faire comprendre que la relation entre eux et moi impliquait, de ma part, de l'honnêteté.

« Alors je peux rester ? » j'ai demandé. Elle m'a répondu que la condition restait la même : que d'ici deux semaines il fallait que j'aie repris le poids perdu. Cette infirmière est devenue par la suite une de celles qui allaient me manquer le plus.

La pesée a été ma hantise, mon ennemi pendant de longs mois. Dix mois fois quatre semaines. J'ai été pesée plus de quarante fois. Tous les infirmiers m'ont vue en pyjama sur cette balance. Réveillée à 7 heures, je me voyais proposer la pesée « pour être tranquille », l'après-midi à 16 heures, au saut du lit à 8 h 30, le soir avant le dîner à 18 heures. C'était une vraie course, à savoir comment et qui j'allais pouvoir tromper, comment tricher, courir à la salle du petit-déjeuner, boire un grand bol de café pour que, lorsque l'infirmière de garde venait voir si j'étais dans les parages, je puisse lui dire que j'avais déjà déjeuné. Parfois ça marchait, d'autres fois non. Seul l'infirmier ne pouvait pas me peser. Soit je restais habillée, soit c'était « non ». Avec lui, je n'ai jamais cédé. Lui, oui. Je gagnais régulièrement des petites batailles contre le personnel infirmier. Plus tard j'ai compris que c'était contre moi que je me battais. La lutte se joue contre soi. Sous un IMC trop bas, comment travailler sur soi ? Même avec cette limite inférieure j'ai triché. Ce 1er avril j'étais déjà à leur IMC limite et, quand je suis repartie dix mois plus tard, il était à 13,2. Trente-cinq kilos d'os pour 163 centimètres. Avec l'eau que je buvais avant la pesée, ils ne l'ont jamais su. Je ne sais comment je suis parvenue à faire le trajet en voiture pour rentrer. J'étais un cadavre.

La porte de ma chambre, la 14, claquait une dizaine de fois par jour. Dès qu'il s'agissait de me faire entendre. J'ai quitté de nombreuses fois les ateliers de groupe parce qu'en désaccord avec ce que l'infirmier me disait. À vingt ans passés, là-bas, l'adolescence a atteint son paroxysme chez moi. Avec le recul, tout cadrait avec mon éducation de petite fille à qui on cède tout par faiblesse. À qui on dit non avant la fin de la demande et puis, las, on finit par dire oui. Sauf que là-bas, dans cette clinique, « non » veut dire « non », et les portes que j'ai claquées, les larmes que j'ai versées, les coups de gueule que j'ai poussés, ce sont ceux que je n'ai jamais eu l'occasion de faire. Et aucun n'a cédé. Ils sont formés pour ça, pour ne pas répondre à nos caprices d'enfants malmenés ou délaissés, qui ont besoin de limites qu'ils n'ont pas eues.

Cette clinique a été un moment pour poser mes valises et ranger un peu mon linge, trier le sale du propre, parce qu'à force de le garder en moi, le linge sale a fini par nécroser mes réactions. C'est en ça que je peux remercier mon médecin, qui est resté à mes côtés toutes ces années, supportant mes silences et récoltant ma colère et mes peurs, encore aujourd'hui.

Là-bas, dans cet ailleurs, j'ai pu ouvrir mes poumons de « nouvelle née », pleurer comme une ado, quitter la table, claquer les portes, refuser de me plier à des règles qu'on ne m'avait jamais inculquées. Lorsqu'on manque de repères, le cadre dans lequel se tient notre portrait ne reste pas droit, il faut sans cesse essayer de le redresser, pour marcher droit et ne plus zigzaguer.

Ceux qui ont été mes parents de substitution ne m'ont donné aucune solution miracle. Néanmoins, ils ont semé certaines pistes, certains galets sur mon chemin pour que je m'y retrouve.

L'analyse est fatigante et usante, fastidieuse et longue. Replonger dans ses douleurs, se réveiller d'une anesthésie consiste en un terrible face-à-face avec la réalité.

L'adolescence que j'ai vécue cette année-là ne m'a pas sortie d'affaire, mais pendant presque un an, j'ai eu une place, des affections touchantes, moi qui ai toujours refusé le moindre contact. J'ai été prise dans des bras chaleureux, j'étais tellement novice dans ce domaine qu'est l'affection que je n'ai pas souvent su quoi faire de mes bras, le long de mes hanches décharnées. Ce corps disait pour moi : « Ne me touchez pas ! » Le contrôle imposé par l'anorexie empêche toute spontanéité et annihile ainsi la possibilité de pouvoir « être » dans le geste, différent pour chacun d'entre nous : pour moi c'était l'affection, handicapée du câlin réparateur. Je ne savais pas quoi faire de moi.

Lorsqu'il s'est agi de partir dix mois après ce 1er avril, j'ai osé me lâcher, m'abandonner une dernière fois, avant qu'il ne soit trop tard, pour leur manifester ma difficulté à quitter une maison qui avait été la mienne tout ce temps-là. J'avais à présent vingt-trois ans mais émotionnellement j'en avais quatre.

Le psychiatre parlait dans un compte rendu de ma peur de ressentir des émotions, positives comme négatives. C'était de cela qu'il était question, de la peur panique du départ, de l'échec et de la tristesse de ne plus jamais les revoir. Si j'avais su que j'y retournerais trois ans après…

Le jeudi soir d'avant mon départ, une des deux infirmières qui m'avaient beaucoup aidée avait tardé pendant les transmissions avec son homologue de nuit et j'avais attendu dans le froid, dehors, faisant les cent pas. J'avais l'impression de perdre celle qui avait été ma mère de substitution. Je me suis accrochée à elle aussi fort que j'ai pu, tentative désespérée pour qu'elle me garde un peu près d'elle. Dehors est terrifiant quand on est enfermé. Elles ont toutes été des « mamans » avec chacune son apport dans mon éducation : celle qui raisonne, celle qui est douce et console, celle qui discute, celle qui va au fond des choses.

La case clinique n'est pas une obligation et penser que l'hospitalisation à elle seule possède un pouvoir guérisseur est faux : la démarche à mener pour aboutir doit provenir de soi, doit être une volonté de changement. Hormis donner des pistes, ces pauses temporelles dans un quotidien devenu trop difficile ne sont pas non plus faiblesses. Mais des béquilles, parfois indispensables. Il n'y a pas de miracle.

Ces hospitalisations souhaitées, dites d'inspiration psychanalytique, sont grandement différentes des divers gavages et autres joyeusetés. Le suivi en ambulatoire pallie un manque de structures novatrices comme il commence à en exister. Qu'il soit psychanalytique, spécialisé ou encore qu'il réunisse la famille dans une même pièce en thérapie familiale, en attendant un mieux, il peut être salutaire.

Pendant dix mois j'ai été un être humain, sans avoir besoin d'être anesthésiée par des cachets comme j'ai pu l'être ailleurs. Et puis qui se demande réellement comment on vit ça ? Qui a une once de compassion pour des êtres humains qui refusent de se nourrir ? Des gamines capricieuses, adolescentes rebelles... Mais on oublie les autres, les adultes qui continuent de vivre avec ces troubles.

En sortant en janvier 2007, j'ai habité chez ma tante quelque temps. « Pourquoi tu ne manges pas ? » m'a demandé ma cousine de douze ans. Mon visage a viré du blanc à la couleur d'une pivoine, j'oscillais sur mes cannes de moineau apeuré. À cette époque je paraissais avoir quinze ans alors que j'en avais vingt-trois. Je payais encore demi-tarif à la piscine mais j'avais dépassé l'âge du « prix réduit pour les moins de seize ans ». L'hôtesse de l'air à l'aéroport m'avait demandé si je voyageais accompagnée, puis s'était ravisée en voyant ma date de naissance. Son « tu » était devenu « vous », subitement. J'avais souri. J'étais squelettique et faisais peur à voir.

« Pourquoi tu ne manges pas ? » Je ne mange pas parce que je n'ai pas pris ma place quand j'étais petite. On ne me l'a pas laissée. J'ai été trop calme, trop sage, trop dans le moule. Je n'ai jamais su dire « non ». Non, il n'a pas le droit de me faire ça. Non, je n'ai pas envie de rentrer seule de l'école, je suis trop petite.

Et puis je ne mange pas parce que j'ai été livrée à moi-même trop tôt. Je n'aimais pas avoir les clés de l'appartement familial autour du cou, même si à l'école je faisais la fière d'avoir ce joli ruban et d'être une Grande. Je n'aimais pas pousser la porte de notre entrée, ça m'amenait dans des grandes pièces toutes vides après l'école. Je n'aimais pas passer des vacances chez ma grand-mère. Qui pourtant m'a tant appris. À lire, écrire, compter, aimer. Mais personne ne m'a appris à dire « non ». J'ai grandi trop vite, trop tôt.

Je ne mange pas parce que j'ai été violée et abusée. Et alors j'ai pensé que disparaître, faire disparaître mon corps serait une bonne idée. Fondre pour ne plus rien laisser paraître. D'un côté mourir et de l'autre alerter mes parents. « Je me meurs, je ne peux pas grandir toute seule, je suis trop petite, Maman. Il m'a violée, Maman. Plusieurs fois. Trop de fois, Maman. Aidez-moi, soutenez-moi. »

Je ne mange pas parce que je ne vaux pas la peine d'être en chair. Je ne mange pas parce que je ne m'appartiens plus. Je ne mange pas parce que je suis seule. Je n'ai pas choisi cette famille. Je les aime pourtant, les faire souffrir souvent, tout le temps, ce n'est pas une vie pour des parents qui aiment. Mais qui n'ont pas su montrer qu'ils m'aimaient. Quand j'ai vu que je n'étais pas soutenue dans ma plainte, j'ai laissé tomber, me suis rétractée. Et puis la machine judiciaire s'est arrêtée. *Game over*, Petite. Ils ont respiré. Pas moi.

Je ne mange pas parce que je suis un monstre, sale et immonde. Je ne mange pas parce que je ne vaux rien. J'aurais voulu que mon père le tue, comme dans un film. Il m'a volé ma vie, mon enfance, mon corps. Je ne m'appartiens plus et c'est terrible. Je ne mange pas parce que je voudrais disparaître. Personne ne mérite de se faire subir tant de choses. Les privations, les calculs, les bras entaillés au cutter et ces « putains de crises ».

Et je suis revenue chez mes parents un peu avant la rentrée scolaire. La boulimie est de nouveau entrée dans ma vie par effraction.

Ma mère ne sait pas ce que c'est, une crise. C'est vider les placards et les frigos, debout d'abord dans la cuisine. Frénétiquement, un par un, entamer les aliments, toujours dans le même ordre : une pomme d'abord parce que la peur de la crise se fait sentir, puis une glace, puis deux. Ensuite, les gâteaux dont les paquets sont ouverts ou pas, le pain, encore congelé quand la crise est trop forte, ce que je n'aime pas et n'ai jamais aimé, comme le paquet de chips, les tartines de rillettes, le beurre, le Nutella. Tout ce que j'ai toujours détesté. Dans les restes, il y a toujours un saladier de riz ou de pâtes : d'abord une cuillère à café puis deux puis trois. Froids, les féculents, parce que le micro-ondes fait trop de bruit pendant qu'ils dorment là-haut. Je retourne vers les friandises ou le deuxième garde-manger dans le garage, là où sont rangés les gâteaux pour leurs apéritifs. J'hésite souvent entre les deux congélateurs aussi. Et puis comme j'aime la béarnaise et la sauce tartare, le récipient à moitié vide se remplit de ce curieux mélange auquel j'ajoute du gruyère râpé. Je réchauffe le tout puisque, désormais, la pulsion est trop forte pour résister au micro-ondes, et j'engloutis en moins de deux, avec du pain pour la sauce, les doigts aussi. Quand le bol est vide, je commence à avoir mal au ventre, il ressemble à celui d'une femme enceinte.

Alors comme le placard à gâteaux est à portée de main lorsque l'on s'assoit sur le carrelage froid de la cuisine, je m'allonge et mets la main dans les vestiges des confiseries de la semaine. Une heure après le début de la crise, je suis inerte, sur le carrelage, les yeux grands ouverts vers le plafond, je n'ai même plus la force de pleurer, ni de me lever. Alors je compte les minutes qui passent. Parfois j'oublie ce que j'ai pu avaler, cet état second m'anesthésie et les emballages au sol me rappellent avec cruauté que le paquet de Prince est vide.

J'ai eu de la chance de ne pas pouvoir vomir pendant cette période-là. J'en ai eu peur longtemps. Comme si mourir et vomir, c'était la même chose. Alors que je n'ai eu de cesse de vouloir disparaître. Étrange. Souvent je rêve que je suis une fille qui vomit des papillons, ça n'a aucun sens, et pourtant. Je savais qu'une fois cette limite franchie, je ne pourrais plus jamais faire demi-tour et que ma mort se rapprocherait. La première fois que j'ai vomi mon repas, en réalité je ne suis pas morte. J'ai continué à le faire, la peur était partie et une relation étrange s'est nouée entre la cuvette des toilettes, mes doigts et mes larmes. Et effectivement, même si je n'en suis pas morte, je n'ai jamais pu faire marche arrière.

Avant j'avais la force et le courage de courir dans le salon, en rond comme ça, en chaussons de danse jusqu'à ce que je m'écroule, ivre de fatigue, ou que mon genou me fasse tant souffrir que je sois obligée de m'allonger et faire des abdos sur le canapé. Ensuite, après quelques semaines à ce rythme, ça n'a plus été possible tellement les crises étaient conséquentes.

C'est ça une crise, je ressemble à une droguée, hagarde, allongée à moitié morte. Ces instants ignobles m'ont ramenée une nouvelle fois entre quatre murs aseptisés en septembre 2007. J'avais mis moins d'un an à recommencer cette lente destruction. Mais cette nouvelle clinique, à Paris cette fois, n'était pas adaptée, je n'étais pas adaptée. Le recours trop fréquent aux médicaments, la quasi-obligation de rentrer un week-end sur deux chez ses parents, les dispenses de cours trop facilement acceptées, l'ambiance mortifère du milieu hospitalier, rien de tout ça ne m'a rendu service. Pour un mot prononcé trop fort, dans ce service pour adolescents et jeunes adultes, on m'a menacée d'aller chercher l'interne de garde pour me faire taire.

Deux fois par nuit au sein de ce service, la porte qui s'ouvre, les pas lourds des infirmiers qui résonnent dans la chambre et la lampe torche dans les yeux pour s'assurer que je ne suis pas morte.

Les blouses blanches et le bruit des serrures qui se ferment restent un frein certain : comment se sentir normal(es) et « simplement malade(s) » quand on est sermonné(es) comme des enfants dans un univers qui sent la javel et les psychotropes ?

Pourtant, à chaque souffrance correspond un traitement et il n'est pas question de juger qui que ce soit. Les anxiolytiques agissent sur l'angoisse quand elle est trop lourde et les antidépresseurs ont des effets chimiques efficaces. Mais je n'étais pas adaptée, c'est tout. Je m'y sentais encore moins bien qu'en y entrant. Infantilisée, prise pour une imbécile. Lorsque mon voisin de chambre a fait une tentative de suicide, j'ai demandé à voir mon psychiatre de référence, et ai négocié ma sortie dans la journée. Le lendemain matin, je quittais le service du rez-de-chaussée.

Pourquoi a-t-on de la compassion pour les drogués et pas pour les anorexiques ? Ce n'est pas beau comme mot, ça pue la mort. La nourriture est pourtant une drogue comme une autre, en libre-service à toute heure du jour et de la nuit. Trois fois par jour elle est censée vous accompagner au cours du « repas ». Donnez à un alcoolique ou à un héroïnomane de quoi tenir une journée et observez s'il parvient à se « rationner » et diviser sa ration par trois. Et puis pourquoi dit-on « cette fille *est* anorexique » alors que l'on dit d'autres « qu'ils *ont* un cancer » ? L'anorexie en soi n'est pas une identité, tout comme la personne atteinte d'un cancer n'existe pas qu'en tant que « cancéreuse », elle est avant tout humaine. Seulement, lors de ces orgies de boulimie, lorsque le corps se venge et se rattrape des privations subies, l'instinct de survie ôte toute envie de rationalité. Je devais « criser », rien ne pouvait m'en empêcher. La venue d'un proche m'aurait rendue encore plus agressive et méchante.

Après cette autre hospitalisation, j'ai continué à me mener la vie dure. Pour ne pas blesser mes proches plus encore, je me détruisais la nuit. Avaler des quantités monumentales de nourriture non seulement avilit psychologiquement et rabaisse plus bas que terre mais également, physiquement, fatigue beaucoup, un peu comme un lendemain de crise de foie ou d'abus d'alcool. La tête tourne, la gorge est sèche, les membres sont raidis et tendus. Le corps qui subit les privations récurrentes de la semaine doit aussi faire face et encaisser ces ingurgitations dignes de Gargantua.

L'orgie mécanique est par définition sans plaisir et je deviens un monstre ces nuits-là. J'ai souvent prié pour que ma mère ne le croise pas. Que jamais elle ne puisse voir ce regard bestial. Souvent assise sur le carrelage froid, je réfléchis : prendre deux fois plus d'anxiolytiques ou refaire une crise ? L'un comme l'autre me font oublier ce qu'il vient de se passer. Et c'est ainsi que j'ai repris tout le poids perdu. Et que j'ai pu reprendre mes études avortées.

Un an chez mes parents. Une année interminable à faire les allers-retours entre la fac, les médecins et le logis mortifère de ma mère et mon père. Jusqu'à trouver mon appartement. Les cartes ont été posées : si je ne quittais pas la maison familiale, j'allais en mourir. En sautant d'un pont ou par pendaison au fond du garage. Mes parents savaient que je disais vrai et, pour la première fois, ils m'ont entendue après d'âpres négociations. Ils ont cherché l'appartement avec moi. J'avais trouvé un lieu où je n'aurais de comptes à rendre à personne, sauf à moi-même. J'ai continué de couler mais parvenais à aller en cours et à réussir. Brillamment.

Et puis la rechute au début de l'année 2010, quand dans un autre service renommé, à Paris, on a tenté de me faire avaler des pilules miracles pour arrêter de vouloir mourir. Je voulais juste parler à quelqu'un, être écoutée et protégée. Au bout d'une semaine de traitement, je planais au sens littéral du terme, avec les antidépresseurs j'étais comme en dehors de mon corps et au ralenti. Je jouais leur jeu, venais chercher mes médicaments, mentais effrontément au médecin psychiatre. En réalité, ils ne savaient pas quoi faire de moi au milieu de tous les cas psychiatriques graves. Et moi je mettais les cachets distribués au fond de mes poches. Un an après, j'ai toujours cette petite boîte pleine que je regarde en souriant.

J'étais toujours suivie toutes les semaines par mon médecin spécialisé et encore une fois elle m'a sauvé la vie. Après ces deux mois de traitements absurdes, elle m'a envoyée dans la même clinique que la première. Si j'avais vomi une partie de ma vie au premier séjour, il me restait le plus gros, le plus difficile à évoquer, ce qui me laissait ce boulet accroché à mon pied et me faisait couler petit à petit. En octobre 2009, j'avais perdu mon meilleur ami. Décès brutal dont je ne me remettais pas et que je croyais être la cause d'un mal-être qui me poussait à vouloir me jeter du pont Mirabeau, dans cette Seine du XVIe arrondissement. Mais au bout de trois semaines d'enfermement, en mars 2010, j'ai compris que le deuil n'était pas seul coupable. Il a fallu que je crie cette douleur d'avoir été mise plus bas que terre, d'avoir été violée et abusée pendant des années, mutique parce que terrorisée. La valse du poids a recommencé, mais malgré tout je n'ai pas battu ce triste record des 35 kg. J'ai frôlé les 37 et déjà j'étais plus que famélique pour ma taille. Je n'étais faite que de trous. Les photos prises à cette époque font peur à voir, et me servent aujourd'hui de témoins d'une période révolue. Parfois j'éprouve quelques regrets, parfois la fierté d'avoir repris avec douleur ce qui me manquait.

Toujours hospitalisée pendant ma troisième année de licence, je n'ai pas voulu interrompre mes études, salutaires, et ai obtenu l'autorisation de rentrer quelques jours afin de passer mes examens. Dans un état de détresse complète, ayant enfin commencé à m'exprimer dans cette petite pièce chaleureuse qu'est l'infirmerie de la clinique, je suis remontée à Paris avec la conviction que j'allais me tuer. En effet, les jours passés seule chez moi ont été un enfer. Insomniaque, j'arrivais aux examens sans avoir ouvert le moindre livre ou en ayant seulement parcouru le cours l'heure d'avant. À vingt-six ans, je rentrais chez moi après les épreuves, mangeais, vomissais et me scarifiais les avant-bras et les bras. Infernale course contre la vie, direction la mort. La veille de repartir pour la clinique, je me suis levée face au miroir et j'ai observé ce clown fantôme, cette tête énorme sur ce tout petit corps, ces bras maigres qui portaient des traces de coupures, toutes parallèles. Il a fallu plus de dix secondes pour que je comprenne qu'il s'agissait de moi et de personne d'autre, que ce cadavre dans le reflet n'était que la triste réalité. Et que, depuis plus de dix ans, je me faisais payer un crime que je n'avais pas commis. Alors j'ai écrit. Quelque chose qui ressemblait à « plus jamais ça, je t'en prie ». En partant pour ce dernier partiel, je voulais faire vite, rentrer rapidement à la clinique, en sécurité. Et dire, dire, dire tout ce que j'avais à vomir, à défaut de continuer ce tête-à-tête avec le frigo et la cuvette des toilettes.

Ce déclic, si tant est qu'on puisse l'appeler ainsi, m'a projetée dans un long couloir sombre de trois mois de paroles, de larmes et de vérités. J'ai compris quelle petite fille j'avais été, qu'elle n'avait rien demandé et qu'elle n'était pas coupable. Que. Je. N'étais. Pas coupable.

J'ai continué à me recroqueviller sur la chaise de l'infirmerie, mais petit à petit, avec ces soignants formidables, j'ai relevé la tête. J'ai accepté d'aller en atelier théâtre ou de faire de l'expression corporelle, chose que j'avais toujours refusée. Puis j'ai commencé à me réapproprier ce morceau de moi. Ce corps trop encombrant. J'ai déroulé ma vie dans ce bureau. J'ai été incapable de me lever, trop faible, et les infirmières m'ont ramenée plusieurs fois jusqu'à mon lit. Me portant un verre d'eau sucrée. Je ne mangeais plus, tellement mettre des mots sur cet infâme passé était douloureux.

Juillet a sonné les résultats des partiels de ma licence. Mention bien. Après avoir été hospitalisée la moitié de l'année. Je n'en suis pas revenue. Alors en grande amatrice de champagne et puisque nous n'avions pas le droit à l'alcool, j'ai offert du Champomy aux patients et à l'infirmière de service ce jour-là. Petit à petit, j'ai repris des couleurs, j'ai pu rire avec sincérité et goûter à des saveurs auxquelles je n'avais jamais eu accès. Le laborieux travail a continué. Terrorisée, je suis sortie fin août, six mois après mon admission dans cette chambre avec la vue sur le jardin. Et ma vie a pu commencer. J'étais inscrite depuis l'année d'avant dans une grande école à Paris, en parallèle de ma licence à l'université. Et en septembre, continuant l'école en deuxième année, j'ai débuté un master dans une autre grande école. En décembre j'ai décroché un stage à temps plein et en mars de l'année qui a suivi, dans la même entreprise, je devenais ce que j'avais toujours voulu être. Je poursuivais master et diplôme à côté, les soirs et week-ends. Je me suis laissé apprivoiser par le monde extérieur.

✳ ✳ ✳

Quand j'étais petite, j'ai eu une grande discussion avec une dame de cantine. Je l'avais ennuyée à l'époque. Ma dissertation portait sur l'inexistence de la notion de « demain ». Je lui avais soutenu ma théorie, grande pour une petite fille comme moi, que « demain » n'existait pas, parce que demain n'est qu'une continuité d'un aujourd'hui, et que, lorsque demain vient, nous sommes aujourd'hui.

J'étais devant mon assiette de blettes, doux souvenir que ces légumes auxquels je n'avais pas touché. La dame de cantine m'avait gentiment fait comprendre que cette théorie ne l'intéressait pas. Je m'étais sentie très seule à ce moment-là. Seule parce que mes pensées n'avaient aucune oreille pour être entendues. Et que des réflexions sur le fonctionnement du monde, j'en avais des centaines sous ma frange. J'en avais conclu que ce que je pensais n'intéressait personne, et qu'en tant qu'individu je n'étais rien. En réalité j'étais surdouée et possédais un appétit de connaissances insatiable.

J'ai toujours pensé que j'étais plus stupide qu'une autre. Plus conne, sans sens et inutile, je n'ai aucun repère. Il suffit qu'on me dise que mes joues sont mieux quand elles sont pleines, au sens figuré, pour que je fixe toute mon attention sur ces joues que je finis par voir enflées.

Peut-être le sont-elles ? Je n'en sais plus rien à vrai dire. L'anorexie déforme toute sensation de formes, de repères corporels. Nous ne savons plus comment distinguer notre Vrai du vrai, notre Vrai du leur, de celui de l'entourage, de leur vision propre. Eux parfois même ne voient pas venir la déchéance du corps. Je m'étais emmitouflée dans diverses couches de coton, ils ne m'ont pas vue. Contrairement à certaines, j'ai repoussé l'exhibition de ce corps que je trouvais de trop. Et ma précocité n'a rien changé à ce constat amer que je peux faire aujourd'hui : je ne sais pas ni qui je suis, ni à qui je ressemble, ni à quoi m'identifier, puisque je me suis fondée sur un mensonge, un rien. Alors à quoi et à qui peut servir une intelligence qui ne peut s'exprimer qu'au travers de ces travers et de ces déformations du Soi ?

Tout s'est compliqué : de multiples facteurs sont entrés dans ma vie lors de ma construction d'enfant, d'adolescente et se sont emmêlés pour ne former qu'un sac de nœuds. L'intelligence à elle seule ne peut sauver une anorexique ou une boulimique de ce faux pas. Et il ne suffit pas d'être doué pour trouver sa place quand personne ne s'est levé de sa chaise pour la prêter un instant, le temps de se poser, de digérer les choses, faits et actes.

Malgré un joli quotient intellectuel à encadrer et à accrocher au-dessus d'une cheminée, je ne suis pas parvenue à surmonter un viol, des violences psychologiques familiales, un désordre dans le schéma parental, une grand-mère possessive, un père absent, une mère autoritaire, un frère capricieux et instable et avec qui la relation est jalonnée de jalousies diverses et réciproques.

Je ne juge personne, chacun s'étant forgé dans ce cadre bancal une identité à faire pâlir tout psychanalyste respectable. Mais l'hypersensibilité qui me dessert souvent vient en partie de ça, de là. À fleur de peau, tout le temps, la moindre feuille qui vole me perturbe et trouble mes repères. Si les malvoyants ont une ouïe exacerbée parce qu'ils manquent d'un sens, il semble qu'avec la vie que j'ai menée depuis ces vingt-cinq dernières années, il m'a manqué du sens. J'ai regardé sans voir, entendu sans écouter, parlé sans me comprendre. Vingt-sept ans aujourd'hui, c'est plus d'un quart de siècle dans la peau d'une révoltée.

L'apparence, le refus de se croiser devant un miroir ou, au contraire, s'y observer sous toutes les coutures font partie inté-grante d'un quotidien absurde. Le poids, les marques sur le corps sont un ensemble de stigmates qui confortent l'anorexique dans sa position de puissante lorsqu'elle parvient encore à contrôler son apparence extérieure. Souvent je regarde mes bras dont les cicatrices se sont estompées mais sont toujours visibles pour celui qui sait où elles se trouvent.

Si je ne me suis jamais exhibée, ni mes os ni mes cuisses une fois le poids repris, j'ai passé beaucoup de temps à palper mes hanches, à dormir sur le dos pour les voir, à serrer mes bras entre deux doigts pour observer si, « au cas où », j'avais repris, à saisir au-dessus de mes genoux avec mes deux mains. En somme à prendre mes repères et mensurations « manuellement ».

Rien n'a été linéaire. Après cette période plus ou moins « euphorique » de contrôle, il arrive de perdre pied. J'ai joué au yoyo-stable à plus ou moins quelques kilos, puis je suis descendue en flèche, à la fois ravie et inquiète, jubilant mais paniquée. Petit à petit le contrôle s'est fait de façon moins facile, les crises se sont rapprochées, crainte de toute ano-rexique que de devenir boulimique. Et j'ai repris. Beaucoup pour moi seulement, un peu seulement pour beaucoup. Mais les aliments que j'ai éliminés au fur et à mesure du temps n'ont pas réintégré mon menu quotidien. Je n'ai plus jamais mangé de viande en dehors des crises, et la seule et unique fois où j'ai osé regoûter à un plat de pâtes, par « envie », j'étais entre ces quatre murs cliniques. J'ai fondu en larmes, de bonheur, au bout de la première bouchée. Parce que je ne connaissais même plus le vrai goût de l'aliment. Et que la notion de plaisir n'avait plus existé à partir du moment où l'anorexique que j'étais, et suis encore, avait considéré que « les pâtes ça fait grossir ».

Encore maintenant, quand j'entends dire certains que je suis plus épanouie avec mes nouvelles « rondeurs » relatives, j'ai envie de m'asseoir à leurs côtés, et de leur dire qu'il ne s'agit pas que de l'apparence physique mais aussi d'un certain vide intérieur. De leur expliquer, calmement, que le poids n'est pas la guérison. La guérison, si tant est qu'elle existe, pour des cas chroniques comme le mien, tient à une certaine acceptation de soi, de sa place, de son existence à travers ses choix et ses pensées, ses actes et son affirmation d'Être. Et le doute que la chronicité régresse pour devenir du passé est bel et bien là, teinté de résignation.

L'anorexie, la boulimie sont des symptômes. Pas un caprice, pas une maladie à elle seule, pas une fatalité, ce sont les résultats latents ou non d'un passé chaotique. Tout ça n'a pas grand-chose à voir avec le souhait de devenir mince et de faire un régime. On parle de dualité, dans le cerveau deux personnes s'affrontent comme dans un mauvais dessin animé, le diable et l'ange. Cette bataille qui fait rage là-haut s'exprime par ce contrôle illusoire de sa propre personnalité, de son propre corps. Et pourtant, de personnalité, il ne reste que quelques bribes tant qu'on peut encore avoir la force d'enfiler un masque sonnant faux : l'hypocrisie règne dans un souhait de protection, ne rien demander à personne, surtout ne pas montrer ses faiblesses, qui tantôt sont considérées comme des forces d'abnégation des sensations, tantôt comme une résistance à entrer dans la normalité. Surtout ne rien devoir.

On dit aussi qu'il existe une règle de trois tiers, à laquelle je refuse d'adhérer. Et pourtant : un tiers des anorexiques et/ou boulimiques s'en sort, un tiers vit plus ou moins avec, la latence s'installe de façon durable et ressurgit de temps à autre ou la chronicité est définitive. Le dernier tiers meurt. J'aurais pu faire partie de ce troisième tiers mais je ne suis qu'une participante du deuxième.

Le facteur, non pas « poids » mais « variation de poids », joue un rôle prépondérant pour les « malades » souffrant de chronicité : la mort paraît loin, le fameux indice de masse corporelle signifie peu de chose ou rien, mais les conséquences physiques sont réelles. Ma mort me paraît loin. On s'habitue finalement à être mince pour les autres, énorme pour soi. Au-delà d'un certain temps, le système hormonal, déréglé par le faible apport calorique ou les vomissements, s'installe dans un schéma de sauvegarde. C'est pourquoi les règles disparaissent, faute d'énergie, le froid est omniprésent et le corps tente de préserver les organes vitaux comme le cœur. Les dents sont striées et parfois se déchaussent, les os meurtris et fragilisés par les carences deviennent de verre. Est-ce toujours un choix ? De façon directe ou indirecte, on se tue. Un mince duvet recouvre ma peau bleutée, aux extrémités des pieds et des mains, le froid s'installe et se disperse comme la mort qui s'empare d'une proie. Le manque de gras dessèche l'épiderme qui se craquelle tandis que mes cheveux s'envolent au passage d'une main ou de la brosse.

Lorsqu'on « est » anorexique et/ou boulimique, on souffre d'anorexie et/ou de boulimie, mais pas seulement, plus loin encore, on souffre d'être, ou de ne plus être, soi : sans identité ni corps, ou si peu apprécié qu'il est maltraité de part en part, et ce, que l'on soit maigre, gros, mince, d'un indice de masse corporelle « dans les normes » ou non.

Qu'est-ce qu'un chiffre sur une balance médicale puisque jamais il ne convient ? J'ai pesé 40 kg puis 48, 53, 55, 48, 44, 41, 38, 37, 35, 43 et enfin 47. Jamais je n'ai été heureuse. C'est l'histoire d'une éternelle insatisfaction. Qu'est-ce qu'une apparence, hormis pour les personnes de l'entourage à rassurer, absolument ? Prendre du poids n'est pas guérir. Ce n'est pas parce qu'on a pris les dix kilos qui pouvaient faire défaut que la guérison est là sur le pas de notre porte. J'ai comblé un vide, un peu, par la nourriture. Mais elle se digère sans calfeutrer les failles de mon existence. Et ce à n'importe quel poids. Grossir, ce n'est pas savoir vivre.

Le raccourci « prise de poids » et « guérison » est encore trop employé, que ce soit dans le milieu médical ou de la famille et le cercle rétréci des amis, de ceux qui sont restés au-delà des années et de ceux qui n'ont pas eu d'autre choix que de subir ce symptôme insolent qui se glisse au sein des familles déjà fissurées sans le savoir. Il ne suffit pas de reprendre forme pour l'accepter. Il ne suffit pas de manger pour vivre. Comme il ne suffit pas d'ouvrir les lèvres pour respirer. Accepter son corps, c'est faire la paix avec son passé, mon passé. L'anorexie ou la boulimie ne s'est pas immiscée chez moi au hasard.

Quand la plaie du deuil est encore ouverte, quand l'absence est encore présente, quand le manque se fait toujours sentir, quand la peur cisaille les nuits de petits réveils, quand l'incompréhension silencieuse des proches bute sur mon front têtu, quand l'oubli et l'abandon trouvent réconfort dans mes entrailles, il est impossible de parler de guérison, poids compris. Même si la sonde ou les plateaux-repas, les antidépresseurs ou la boulimie ont rempli ce petit corps.

Être frêle, chétive, ce n'est pas chercher à se faire protéger, c'est trop tard. Être à demi-morte, fantomatique, c'est tantôt se blinder contre le quotidien, tantôt se faire reconnaître en tant que souffrante. En devenant ectoplasme, on légitime le mal-être tapi, on cherche à faire comprendre que le mal est là et qu'il devient invivable de se côtoyer soi-même tous les jours.

Multifactoriel, paradoxal, complexe, le rapport au corps est de toute façon entaché d'une dysmorphophobie galopante. On est en suspens : ni femme, ni enfant, ni garçon, ni fille. Et à force de flirter avec la mort, on finit par l'apprivoiser et ne plus la redouter. Parfois même à l'attendre. Alors si je ressemble à quelque chose, je ne ressemble pas à quelqu'un. Mon sac d'os ne ressemble à rien d'autre qu'un tas de peau qui recouvre une couche de graisse et des articulations noueuses. Se focaliser sur le poids est une erreur, leur erreur. Et la mienne. Ce qui me permet à présent d'avoir envie de me lever le matin, ce ne sont pas les quelques kilos en plus, mais mon travail, la machine judiciaire que j'ai enclenchée, ceux que j'aime à mes côtés. Rien à voir avec un poids atteint.

✳ ✳ ✳

Tout ça, c'est à cause de Toi, d'Eux, de Vous. De Moi. Enfermée dans une bulle familiale de silences et de non-dits. Victime d'un coupable dont l'action s'est prolongée parce que je n'ai, long-temps, pas su faire autrement. Rien que pour ça, j'en ai pris pour perpétuité. C'est avec sa vie et son passé qu'on se forge un présent. Mon passé est bancal.

J'ai traîné sur les bancs du collège, je m'y suis ennuyée, j'ai traîné sur les bancs du lycée, j'y ai pleuré, j'ai traîné sur les bancs de la fac de médecine, je m'y suis plongée, j'ai traîné sur les bancs de l'école de kiné, je m'y suis esseulée, je me suis enfermée dans la chambre, là-haut, tout au bout du couloir, chez mes parents et je m'y suis tuée, petit à petit. J'ai été envoyée dans une clinique et je m'y suis réveillée. J'ai échoué chez ma tante à Montpellier et je m'y suis étouffée, je suis remontée à Paris dans la grande maison morte de mes parents et je me suis envolée, un an après. Fac et école d'élite dite normale et supérieure. Puis de nouveau la clinique. Aujourd'hui je travaille à plein temps en plus de finir mes études. J'ai un métier. Et ce qui me tient encore en vie ressemble à un surinvestissement scolaire et professionnel, de loin. J'ai ma vie à construire après tout ce marasme sans nom. À y regarder de près, il n'est plus le même qu'avant, il est simplement le résultat d'une envie de rester en vie, envers et contre tout, même si…

La libellule se cogne un peu partout, parce qu'elle n'a aucun repère, de ce qui est vrai, de ce qui l'est moins, des distances de sécurité à avoir avec elle-même. Si je me livre, c'est qu'il y a un but, pas seulement celui de voir se reconnaître un certain nombre de jeunes femmes dans ce témoignage. Non, aussi celui de me livrer tout court, d'un fardeau devenu trop lourd de solitude. On m'a volé une partie ma vie. Ils m'ont oubliée et abandonnée sur le bord de la route.

Un jour je me suis promis que je vomirai ma vie. Aujourd'hui il semble que ce « un jour » est arrivé. Non sans mal, non sans peine ni torture psychologique. Ouvrir sa boîte de Pandore n'est jamais de tout repos. Nous sommes chacun à notre manière des torturés. Je suis une écorchée et plus le temps passe et plus se gratter pour comprendre est tâche ardue. Les nerfs à vif pour ce vif du sujet, de longues nuits où, finalement, j'ai utilisé le temps plutôt que de fixer le plafond pour essayer de me fondre dans leur norme. La colère et l'amertume ne m'empêchent pas d'aimer ceux qui m'aiment, handicapant souvent mes réactions à leur égard.

Je ne suis pas guérie. Peut-être est-il temps, aujourd'hui, que la roue tourne. Lentement. À son rythme.

Merci… À Patrice Darras, cet ange.

À Régine, Clarisse, Geneviève, Johann, Françoise, Catherine, Marion, Danielle, Olivier, Marie-Charlotte, Fanny, Ella, Charlotte et tous ceux qui ont été rencontrés dans un couloir d'hôpital et qui font partie de ma vie encore aujourd'hui.

À mon parrain, mes fées. Pour tout ce qu'on partage.

À Lola pour ses mots et ses sourires.

À Mathilde, Yoan et Jérémy qui ont su me supporter.

À Elsa, Juliette, Henri et Marlène sans qui je ne serais pas celle que je suis.

À Hélène et à la force qu'elle déploie chaque jour.

À ceux qui savent qui je suis et sont encore là.

À celles dont la vie, un jour, s'est arrêtée en plein vol.

À mon médecin. À mon frère et à mes parents.

Anne-Laure

« Le surgissement de l'irrévocable, quand la silhouette sans visage, entre corps et cadavre, n'est plus vraiment debout mais pas encore à terre. »

Régis Debray

Assise en équilibre, je tremble. Envie de détaler, vite et loin. Prête au départ, je me fige : l'ostéopathe vient d'entrer dans son bureau. Ce n'est pas celle qui tente de m'apprivoiser que je désire fuir, mais le face-à-face avec les mots. Et plus encore : le tête-à-tête avec le corps. Il n'abrite rien de moi, n'est que le trophée de la guerre perdue. Il me trahit en évoquant ce que je ne suis plus, en dévoilant ce que je ne redeviens pas. Deux entités distinctes contraintes à l'union. Aucune n'a de place. Chacune espère enterrer l'autre. Aucune ne cède. Nos guerres me lassent. M'épuisent. Ce corps aussi, je le devine exténué. Nous ne savons que nous affronter. Nos sincères accords de cessez-le-feu volent en éclats au moindre accroc. Je ne lui octroie rien et lui n'en fait qu'à sa tête. Éternel boulet, il signe néanmoins, par sa seule survie aux châtiments que je lui ai infligés, notre victoire. Une victoire dont je peine à être fière.

Face au médecin, mon historique tient en quelques lignes, banales. Il me faut seulement employer le terme adéquat, puis conjuguer l'état au temps requis. Inutile de chercher, un mot existe. Il résume beaucoup de faits et ne dévoile absolument rien. Ce drôle de mot, rêche, dur, aigu, s'énonce dans une saccade, syllabe après syllabe. D'emblée, il m'avait déplu. J'ignorais que je le haïrais, en aurais honte. Qu'après la joie qu'il engendrerait un temps, il tracerait d'indélébiles cicatrices, qu'il creuserait un vide plus insondable que celui qu'il forerait dans mon estomac, que l'écrire, le prononcer impliquerait une préparation préalable, qu'il créerait une dualité mortifère. J'ignorais que, deux ans après l'avoir entendu lors d'un aveu d'une connaissance, il deviendrait un adjectif accolé à mon identité.

Anorexique, je suis anorexique.
Cela fait plus de onze ans, maintenant.
Par défaut, le corps est mon langage. Face à l'ostéopathe, toujours aussi patiente, le mot requis ne sort pas. Il sonne comme une condamnation et un mensonge. Sourire nerveux. Regard au sol. Contorsions des doigts. Pirouettes langagières. Je cherche d'autres moyens de me faire comprendre. Le mutisme pour toute expression de mes cacophonies intérieures. Mes douleurs tiennent toujours de l'indicible. Confusion des temps. Ai-je été anorexique ? Empêtrée dans ce corps trop imposant, le suis-je encore ? Me déclarer anorexique est inconcevable. Le médecin rirait, sans doute. Évoquer l'anorexie au passé ne serait ni erroné ni honnête. J'ai avancé, bien sûr. Maigrir n'est plus un besoin, un devoir de chaque seconde. De chaque jour seulement. J'ai progressé sans avoir gagné. Des barrières, des carences, le dégoût du corps demeurent, des séquelles psychologiques et physiologiques persistent. Tous les jours je me bats

contre des idées qui reviennent le lendemain. Je cède parfois. Car c'est encore mon recours pour affronter le monde. Mais à présent je lutte, c'est là ma force : ne plus me laisser, en permanence, berner par la voix de l'anorexie qui empiète sur mon discernement.

Le mot est lâché. *Anorexie*. Au passé. Je ne peux en dire davantage pour le moment. Je m'entends m'excuser de l'avancer alors qu'elle n'est plus visible. Je redoute d'être jugée et que ce qui me dévore sous les apparences soit balayé d'un revers de négations. Peu croient à mes tourments sans la trace tangible des os à la surface de la peau. Mais l'ostéopathe m'interroge. Nous considère, l'anorexie passée ou présente, ce corps éteint et moi. Elle ne me contredit pas. C'est si rare que j'en suis soulagée. Les questions s'amoncellent. Mes réponses balbutiées s'alignent, non sans humiliation. Les claques s'abattent : mes agissements si familiers ne sont pas sains. À l'ombre des regards, je m'abîme encore. En ce corps, je couve une mutinerie. Si mes actes n'ont pour but que de me soulager de moi, cela se passe encore au détriment du corps, de *mon* corps.

Qu'attends-je de notre entrevue ? Je ne le sais pas vraiment. J'ai peur, et indiciblement envie. Non, besoin. Besoin d'être écoutée, soutenue, soulagée des douleurs physiques qui me désarment. D'aide peut-être. « Il s'agit de reconnecter le corps au reste. » Ce verbe a été employé par l'amie qui m'a recommandé cette ostéopathe. Un terme fort qui n'a rien d'anodin. La spécialiste le répète. Le voilà brandi comme preuve, comme l'énonciation d'un désir profond et assumé. *Reconnecter.* Je tremble de plus belle.

Dans ma bouche, ce mot et ses sous-entendus ont tout d'un vol. Certes, non prémédité. Je ne possède pas ce lexique-là. Je ne sais que l'utiliser à bon escient. Et l'envier ou l'espérer, peut-être. Lorsque mon amie l'avait utilisé, sa justesse m'avait interpellée. Touchée. Autant qu'elle m'avait effrayée une fois l'euphorie retombée, une fois l'implication assimilée. Face à la suggestion d'un tel rendez-vous médical, l'habituel et intraitable *non* n'avait pas retenti dans ma tête. Pour une fois, la voix qui chahute mon esprit se taisait. Ravie, je m'étais engouffrée dans l'embrasure de cette porte miraculeusement déverrouillée, sans me laisser le temps de réfléchir. Agir pour éviter la volte-face. Il me faut être radicale parfois : face à moi et à ce corps, je m'enfuis souvent. Voilà des années que je décline les propositions de soins centrées sur le corps, celles où je ne dirige rien. Prendre soin de moi me débecte. J'anesthésie toutes les insurrections corporelles par l'indifférence. *Mon* corps doit frapper fort pour que je ralentisse ma course. Depuis longtemps, on ne me touche plus. Je suis celle qui enlace ceux qui en ont besoin, pas celle qu'on enlace. La faute à ce réflexe de recul qui a intimé à mes proches de garder leurs distances. Aujourd'hui ce contact me manque, parfois cruellement.

En 2006, avec mes premières luttes, l'idée de reprendre corps forait doucement son sillon. Depuis, elle subsiste. Je l'ai seulement un peu perdue de vue, trop rompue par mes contradictions, frayeurs, échecs et désillusions. Ce corps avait une place, avant. Il faudra lui en rendre une. Un jour cela redeviendra non plus seulement banal, mais parfaitement naturel et indolore. Pour l'heure, le drapeau blanc est en berne. Je refuse d'être ce corps : question de survie.

Avant de m'installer sur la table de massage, ma gorge est déjà nouée, ma tête pleine d'injures qui me sont adressées. La haine du corps, toujours. J'appréhende d'être découverte, visible, palpée, et donc calibrée. Jugée. Mais, petite consolation, je n'ai à retirer aucune épaisseur des tissus qui camouflent ma masse.

L'ostéopathe m'offre le choix : parler ou me taire. Je ne dis rien. Me le reproche. Aucun son. Aucun mouvement. Respiration inaudible. Cage thoracique au repos, vieille habitude adoptée pour ne pas paraître plus grosse que je ne le suis en inspirant. Mes mains dissimulent ce ventre comme si elles pouvaient le faire disparaître, et moi avec. Impossible de me décontracter, je redoute de sentir vivre ce corps. Scrutant le plafond, je tente de divertir l'esprit. Ne rien analyser m'épargnerait quelques maux. Le temps se fige et des larmes naissent. Je ne les veux pas. Pas ici, pas maintenant. Les mots m'ont suffisamment couverte de honte. Elles s'en moquent, coulent lentement, me brûlent les yeux puis, en séchant, me glacent les joues. Je suis ridicule, parfaitement grotesque. Colère noire. Alors qu'on me veut du bien, je me referme.

Je pense aux filles allongées dans les couloirs des services spécialisés. Installées sur de grandes feuilles d'autres patientes tracent leurs silhouettes. Que pensent-elles quand, debout, elles observent le rendu ? Prennent-elles conscience de la dysmorphophobie dont on les dit atteintes ? Se trouvent-elles maigres comme on le leur affirme ou jugent-elles la forme trop épaisse ? La pensée de cet exercice me glace. Je ne pourrai jamais m'y livrer. J'en deviendrai silencieusement hystérique, je crois. Ma silhouette sera toujours trop large, fût-elle celle d'une brindille pour d'autres. La dimension du corps me rebute. De temps à autre, en société ou seule, j'implose. Je cache alors ce corps sous une veste, un sac, un coussin. Surtout ne pas le voir, au risque d'en perdre la tête. Les regards interloqués ne m'affectent pas : ils ne sont rien en comparaison des douleurs causées par le gras étendu sous mes yeux. Car lui remet en cause mon identité et ma raison d'être. Là, sur cette table, je me brise. J'imagine, mâchoires serrées, la monstruosité organique déployée. Les minutes s'étirent. Et, imperméable aux messages de ce corps, j'ignore ce que l'ostéopathe me fait. Je veux arrêter, partir. J'ai honte, j'ai mal. Mais n'en souffle mot, ne proteste pas. Enfant sage, j'attends la fin en invectivant la grosse conne que je suis de me répandre ainsi.

Sursaut. Le médecin vient de poser ses mains sur *mon* ventre, au-dessus des tissus. Je voudrais m'enfoncer dans la table et rentrer ce ventre au plus profond de sa cavité. Ne plus avoir aucune épaisseur. Pourtant, je perçois bien, sous cette paume qui ne m'appartient pas, un creux du nombril à la hanche. Ne pas ciller. Ne pas camoufler l'excédent de ce ventre qui ne déborde pas. Cela me trahirait. Anorexie. Le ventre gronde. Les mouvements d'un je-ne-sais-quoi l'agitent. L'entendre rugir me titille les nerfs et l'âme. Je me confonds en excuses. « Non, c'est bon signe. Cela signifie que votre corps réagit. » Certes… Mais cela me terrifie.

À la fin de la séance, dos à l'ostéopathe, j'efface mes larmes. Je n'ai rien contre cette femme, mais il est au-dessus de mes forces de tomber tous les masques. Je hais celle qui flanche sous ses yeux et maudis toutes celles que je suis, avec ou sans l'anorexie. Danse macabre entre deux faces d'un même visage.

« Au niveau de votre petit bassin et de votre ventre, il n'y a personne », conclut-elle.

« Victoire », me dis-je. « Défaite », me dis-je.

Paris tangue sous mes pas. Les mots de l'ostéopathe m'obsèdent et recouvrent la musique glissée dans mes oreilles. Je ploie. Déroutée de m'être entendu dire que je suis *absente à moi-même, recluse*, je ne sais que penser. Cette absence du corps me soulage autant qu'elle m'égare. D'un sentiment à l'autre monte la nausée. Je me sais en vie, en relatif bon état, à la croisée des possibles, mais je reste figée. La vie, le temps, les gens défilent à toute allure. Immobile, j'ai peur de toute cette vie à faire mienne. Je ne suis pas de taille, trop en attente. Trop déçue aussi. Je tombe dans les abysses de cette enveloppe où je flotte. Sensation paralysante qui m'abstrait du monde. Mes savoirs sont flous ou faussés, mes lacunes nombreuses, mes repères des impasses, ma vie en pause, l'amour inaccessible. L'envie de rencontres et la crainte d'être pesante me tourmentent. Je ne me sens pas vivante. Pas libre. Pas libérée. Je veux plus. Je veux tout. Je ne veux rien. Paradoxes et contradictions, regains de haine auront ma peau.

Dans le métro, j'aperçois mon reflet : une masse noire surmontée de la touche pâle de mon visage. Le corps englouti dans le vide. Un reflet à mon image : je passe mon temps à me soustraire du monde. C'est devenu normal : le vide m'aide à vivre. Je passe mon temps à m'excuser de ressentir, penser, espérer. À demander pardon d'exister, à me priver de la vie, de nourriture. D'être anorexique et de ne pas l'être.

Mais j'occulte déjà ce que j'ai perçu : un rendez-vous professionnel m'attend. Je retends l'élastique de mes zygomatiques. Je dois être à la hauteur. Pensées, larmes et cœur cadenassés. Corps verrouillé. Je ne lui laisse aucun répit. Lui se venge de ce que je lui inflige avec la même violence. Je n'ai ni le temps ni le cœur de lui donner la parole. Qu'il s'en accommode, ce n'est pas le bon moment. Ça ne l'est jamais.

Je rentre ivre d'une fatigue démentie, gravis l'escalator. L'immobilité et le repos me désarçonnent. Farouchement en colère contre moi et triste, mes poings se serrent, mes ongles me lacèrent les paumes comme pour matérialiser la douleur. C'est machinal, comme les coups de lame de rasoir autrefois. Dans la côte, je marche vite, manque de tomber, mais ne ralentis pas. Si j'en avais la force, je me mettrais à courir jusqu'à m'envoler ou m'affaler dans le caniveau. Ne plus penser, ne plus entendre sa voix.

Sur le chemin, des supérettes. Je sais mon frigo vide en dehors de bouteilles de soda light et d'un bocal de cornichons intact. Il me semble que ce corps a faim, mais j'abandonne l'idée de le contenter. Faire des courses requiert une énergie hors de portée aujourd'hui. Tourner une demi-heure dans les rayons glacials, repartir avec une énième boîte de tomates cerises qui m'écœure déjà ou ressortir les mains vides, constatant mon incompétence, me démoralise d'avance. Opter pour un pain individuel en boulangerie soulèverait tant de pourparlers intérieurs que je renonce. L'anorexie, ainsi victorieuse, se tait.

C'est aussi ma victoire. Tant pis si je paie le prix fort pour cet apaisement provisoire. Tant pis pour le cri du ventre. Tant pis pour l'épuisement qui me courbe l'échine. Ce soir, je n'ai pas la force de ces batailles.

✱ ✱ ✱

Je suis une fille du vent, celle qu'autrefois on appelait Brindille. Je suis un oxymore, un palimpseste : je passe ma vie à supprimer les traces de celles que j'ai été, à forger une nouvelle identité sur les précédentes. Illusion identitaire. De moi s'éparpillent des bribes désavouées. La maladie a consciencieusement mélangé les puzzles aux pièces déjà manquantes. Après onze ans d'anorexie, dans les miroirs, les yeux et les compliments d'autrui, je vois une étrangère. Reste un corps dont je me détourne, qui m'oppresse et me préoccupe toujours. De l'espoir au désir d'envol, j'oscille. Et quelquefois, me perds. Quand tout vacille, la nostalgie de l'anorexique d'autrefois m'étreint, m'abandonne sur la route de mes évasions désordonnées. Je me fuis pour me délester du trop-plein, me combler de néant et me retrouver. Mais j'essaie de m'atteler à la tâche imposée par ma présence au monde, par l'amour que l'on me porte malgré ce que je suis : (re)devenir.

✱ ✱ ✱

Au fil des ans, l'anorexie a changé de visages. L'intime ennemie n'est ni reine en la demeure ni délogée. Ce corps et ma personnalité m'insupportent autant que l'hégémonie de la maladie. J'avance ce *corps boulet* chevillé à l'âme et cette anorexie qui n'en

127

finit pas m'empoisonne. Mon impuissance à me reconnaître en dehors d'elle, à me défaire de son emprise m'effraie. Successivement j'ai eu le sentiment qu'il s'agissait pour moi de maigrir ou de mourir (ne pas maigrir, pire, grossir, signant mon arrêt de mort), puis de vaincre l'anorexie ou de mourir (vivre tout une vie sous sa férule étant inenvisageable) et enfin de savoir vivre ou de mourir. Au fur et à mesure des années, j'ai saisi qu'avec l'anorexie, je ne cherchais pas à mourir, mais à renaître et vivre autrement.

Au quotidien, la maladie demeure, liée à mille souvenirs qu'un rien éveille. Elle rime avec le plaisir de la maîtrise, la culpabilité de manger comme de ne pas manger, la solitude, les insomnies, un droit de vie et de mort sur ce corps, la honte, un faux orgueil. Avec la contemplation de la valse de la vie sans y prendre part, les projets avortés faute de forces, de confiance, avec le temps perdu à éliminer, compter, noter et mesurer mes membres. Avec un regard asthénique, une carapace d'indifférence, d'indolence et d'hypersensibilité à la fois, un odorat désormais très sensible, des sensations sur et sous la peau qui surgissent sans préambule. Avec Annecy, avec *J'en rêve encore* de Gérald De Palmas. Avec l'anagramme de mon prénom, dédiée une nuit à la maladie dans un sourire accablé. L'anorexie actuelle c'est aussi la pesée quotidienne, le doute permanent, plus prégnant encore en société, la dualité, des stratégies d'évitement, tout ce que je ne peux plus manger par peur, dégoût ou simplement parce que ce corps ne digère plus. Le soulagement d'échapper à un repas et l'envie dévorante d'être comme tout le monde, ou au moins indifférente à la nourriture à défaut d'y prendre plaisir. Manger reste tabou. J'éprouve également une sourde angoisse lorsqu'un proche entreprend un régime. Aujourd'hui, les autres me nourrissent, mon nombril ne m'intéresse pas. Ou plus. J'aime les autres mais refuse d'être appréciée. Être utile à autrui me donne sens et me désengage de moi. Mais si l'on s'attache trop, je fuis, mal à l'aise dans le rôle de la jeune femme épanouie, solide, présente une vie durant, de celle qui a réponse à tout. Le sentiment d'être une imposture me déchire. Cependant, très rapidement, la culpabilité de ne pas donner ce qu'on attend de moi me fait revenir. Il me reste le besoin d'être non pas parfaite, mais irréprochable, de donner le maximum, de ne pas blesser, de ne pas déplaire ni décevoir, comme si, sans cela, je n'avais pas le droit de cité. L'anorexie, c'est toujours cette aversion viscérale, cette violence qui me sera toujours destinée, la culpabilité et ce froid terrible venu de l'intérieur qui ne m'a jamais vraiment quittée depuis toutes ces années.

Malgré tout, j'ai du mal à me dire anorexique. Même au passé. En partie à cause des poncifs concomitants à ce trouble. Du mal aussi à expliquer l'origine de l'anorexie. Je crois à l'accumulation de blessures, de déséquilibres, d'inconforts, de failles identitaires.

Malgré tout, si cette maladie est mère de plus de douleurs que de gaietés, je lui dois quelques fous rires. De l'incrédulité d'une amie sur mon âge (à vingt-deux ans elle m'en concédait à peine seize) nous gloussons toujours. De l'anecdote sur mes difficultés à faire décoller mon parapente (la voile pesait quinze kilos de plus que moi) je me moque sans complexe. Les blagues sur l'avantage budgétaire d'une telle maladie me dérident. Peu à peu, j'apprends à plaisanter de mon anorexie, à la destituer de son fallacieux piédestal.

✳ ✳ ✳

J'avais voulu perdre quelques kilos. Et un jour, je n'ai plus rien pu avaler.

Je me souviens de tout, ne me rappelle rien. Tout baigne dans le flou, la perception du temps surtout. Pourtant, de ces onze ans émergent des souvenirs et des sensations précis.

Classiquement, j'ai commencé par consciencieusement trier et éliminer certains aliments, par diminuer les portions. Par jouer avec la faim qui vrille l'estomac et donne le sourire sans dévoiler le piège qui s'ouvre sous ses pieds. Mes rapides pertes de poids ont été une jouissance sans équivalent. Elles étaient ma réussite, ma fierté. L'anorexie a réellement fait mon bonheur avant d'être ce cercle vicieux, cette obsession aliénante, cette drogue, ce joug, cette usure. Avant d'être une maladie. Très vite, il m'a fallu perdre toujours plus. Je n'avais plus le choix. Mon bien-être quotidien et ma sérénité dépendaient des kilos délestés. J'ai appris à me passer de l'indispensable. À me priver de tout, de tous. Mais enfin maître de mon existence, je me sentais vivante, inébranlable et invulnérable.

Plus tard, j'ai saisi quelques ressorts cachés de cette dégringolade. Aux prémices, je n'avais conscience de rien. L'anorexie pose des œillères. Par le vide et ma résistance à l'indispensable, je m'affirmais, me différenciais, me donnais corps et légitimité. Je voulais être autre, me réinventer hors du chemin prédessiné,

130

hors de la prison de *mon* corps gros, sale, faible, gras, me désolidariser de la sombre vie d'adulte que je découvrais. Une vie sans magie ni amour, sans échappatoire, trop violente à mon goût et manquant cruellement d'humanité. Je voulais m'anesthésier de toutes ces douleurs que je sentais poindre. On m'avait menti, la vie n'était pas si belle. En réinventant les règles du jeu et de la nature humaine, je m'édifiais un refuge. Peu à peu, l'état de famine dans lequel je suis tombée a ankylosé mes sens, mon esprit, mes jours et mes lendemains. J'avais besoin d'être étrangère à ce monde. Hors d'atteinte. M'inventer une personnalité, une identité passait inévitablement par la construction d'un corps nouveau, vierge du passé. Loin de tout héritage, j'aspirais à une existence propre. J'ai redessiné les lignes de fuite de ma silhouette en suivant des idéaux corrompus par la maladie (alors indéfinie), mais qui pour une fois avaient le mérite de m'appartenir, pensais-je. Ils devaient me mener à moi. Je cherchais le vrai, le pur, la légèreté et la transparence. J'ai fait table rase de ce que je détestais en moi. N'ayant pas l'énergie nécessaire pour maintenir les utopies que j'avais vues s'effondrer, sans le choisir consciemment, je me suis repliée sur le maîtrisable. Je ne m'aimais déjà pas beaucoup. Alors j'ai creusé, creusé profondément entre mes côtes. Je n'y ai trouvé personne. Je n'ai enlacé que mes os.

Déclassée, en marge. Je ne corresponds pas aux schémas types censés provoquer une anorexie. Je ne suis ni issue de famille aisée ni une élève douée. (Travailleuse, perfectionniste, par la force des humiliations, mais pas brillante.) Pas de traumatisme concret, pas d'événement déclencheur. Pas de circonstances atténuantes non plus. Mes blessures sont d'une banalité affligeante. Une enfant qui grandit trop vite, qui réalise que le rose peut virer au noir, que les adultes mentent, que l'amour sonne faux, qu'un corps de femme peut être dérangeant, que les hommes font peur… Les insultes des écoliers sur mes rondeurs d'enfant et de préadolescente, les regards masculins sur mes formes naissantes, une séparation mal vécue ne suffisent pas à expliquer onze ans d'anorexie. Avoir subi un traumatisme identifiable m'aurait peut-être permis de mieux comprendre et dépasser la maladie ? Mais je n'ai pas de fautes à rejeter, personne à condamner, si ce n'est moi. Sans doute étais-je seulement incapable d'assumer ce que j'étais, ce que je suis, la vie. Le tout a viré à la névrose. Je n'étais qu'une de ces personnes qui peut-être, au fil des heurts, deviennent fragiles, perméables aux maux. Un régime qui dérape et, deux ans plus tard, un médecin déclarerait : « Anorexie mentale sévère, mademoiselle. »

Je n'aime pas dire *mon anorexie*. Je ne l'ai pas désirée. Elle m'a possédée plus que je ne l'ai dominée. Elle me retient encore, mais à des degrés moindres. La délivrance n'est pas survenue. Comme tant d'autres, je suis un pantin pendu à ses fils. J'ignore si l'anorexie c'est moi, une partie de moi ou une véritable intruse. Elle m'a commandée, j'ai agi sans rébellion ni opposition, surtout les sept premières années. Jusqu'à quel point lui ai-je ouvert ma porte, offert mon existence comme trône ? J'ai une part de responsabilité dans mon autodestruction. Un aval flou, cependant. Ce n'est ni un caprice ni une lubie, pas plus qu'une provocation ou un chantage. Je ne pense pas que j'aurais pu échapper à l'anorexie. Mais où a commencé la perte de contrôle de ce que je pensais maîtriser ? Je n'ai pas de réponses. Je déteste ce que je ressens, ce que je tais, ce que l'anorexie a fait de moi ou ce qu'elle et moi faisons de moi. Dans ce monde, je me sais bien lotie. Alors pourquoi cela ne suffit-il pas ? Pourquoi je ne trouve pas un équilibre face à la nourriture ? Quelle est la finalité de ma quête de vide ? Comment le désir de maigrir à en disparaître est-il devenu si impérieux ? Comment en suis-je arrivée à pleurer au-dessus de trois feuilles de salade sans assaisonnement ni accompagnement ?

Sans relâche, je dois me battre contre moi pour me sauver d'un précipice où je me jette. Je dois veiller à repérer les chimères et facéties de l'anorexie. Et en même temps, je dois être à mon écoute, à celle de *mon* corps, cet inconnu, m'accorder et lui accorder ma confiance. Mes yeux me mentent, me dit-on. Mon cœur déforme les succès qui m'incombent, affadit les égards que l'on me porte. Il me faut toujours me faire violence, mais sans me tromper de cible. Reprendre les rênes et oublier jusqu'à la possibilité de m'effacer. C'est impossible certains jours encore. Autant que de lever ma fourchette trois fois par jour, tous les jours, et ce, sans regretter ni me punir, sans compenser ni nettoyer l'erreur. Évoquer la faim, un repas pris est une épreuve. J'élude sans savoir pourquoi moi, et seulement moi, ne devrais pas manger. Souvent, je voudrais que tout redevienne *comme avant*. Mais je ne me souviens plus de cet *avant*.

Ma volonté de guérir n'est pas comparable à ma volonté de maigrir. Car mon désir de m'effacer a à son service des fêlures inconscientes. Il s'en galvanise sans que je perçoive tous les

133

ressorts en jeu. Maigrir est certes un désir conscient. Mais une fois un indéfinissable stade franchit, ce n'est plus une simple décision. L'anorexie, comme la boulimie, use et abuse de douleurs plus ou moins repérables. Vicieuse, l'anorexie dissimule le véritable mal-être derrière des obsessions, des rites, des interdits, des préoccupations, des os… Se soigner, bien sûr, il faut le vouloir. C'est d'ailleurs un combat incessant qui ne suffit pas toujours. Et remplumer un corps n'apaise en rien l'esprit. Endormir chimiquement l'esprit n'aide pas à reprendre pied. L'anorexie brandit comportement incohérent et parfois squelette pour mieux enfuir l'origine de la souffrance. Mais elle n'est pas qu'une histoire de kilos, vraiment pas.

Contrairement aux dires populaires, on ne sort pas de l'anorexie avec des « il suffit de ». Fréquemment, les gens pensent que les anorexiques ne font pas d'efforts, qu'elles veulent attirer l'attention, suivre la mode et que manger ne peut pas être un supplice. Que refuser de s'alimenter alors que d'autres meurent de faim relève de l'infamie (comme si nous n'en avions ni conscience ni honte !). Qu'il suffirait d'une claque ou d'une sonde et on n'en parlerait plus, de ces filles décharnées qui ont pourtant de quoi se nourrir. Si seulement c'était aussi simple.

✳ ✳ ✳

Il m'a fallu bien des batailles pour parvenir où je me tiens aujourd'hui : dans un entre-deux. Aussi peu glorieux que me semble être le lieu de mon arrivée, je crois revenir de loin. Mais je n'ai pas encore franchi la ligne depuis laquelle je pourrais contempler le chemin parcouru en savourant la sécurité

134

grappillée. Un jour peut-être… Je ne suis plus l'anorexique excessive des premières années, mais de temps à autre, poussée par des relents de haine, un reflet dans un miroir, un chiffre, un mot, un silence, un échec, par ma peur de manger, de grossir sans fin, de vivre sans l'anorexie, je rebrousse chemin. Elle me refuse ma liberté et me poursuit autant que je la rattrape. Je ne sais fonctionner autrement. Constat déprimant que ce désir de s'en sortir sans y parvenir. J'ai peur de la petite voix qui résonne en moi et m'assène des horreurs. Elle me convainc encore que ma seule réussite a été de maigrir jusqu'à la déraison. La rage de la contredire s'évapore parfois, car ses arguments sont perspicaces tant elle sait où le bât blesse. Et dans la reconquête de mon identité, de ce corps, j'ai raté des étapes, comme la reconnaissance de la maladie et la compréhension de ce qu'elle abrite. Ces manquements sont les cailloux qui me font trébucher.

M'avouer anorexique a été pénible, laborieux, long. Et ce, même si j'avais repéré un malaise dans ma satisfaction à maigrir. J'ignorais que j'étais malade, et plus encore, anorexique. C'est au lycée que la pathologie a pris ses aises dans mon quotidien, jour et nuit. Mais je trouvais mon compte dans les résultats de mes agissements. Ensuite, la fierté et l'humiliation d'être anorexique se sont mêlées. La notion de maladie, de victime, de faiblesse alors que je me sentais si forte, la honte d'être emprisonnée alors que je croyais tout contrôler, la crainte des impératifs qui découleraient de mes aveux me tinrent au silence. Ma hantise : qu'on me fasse manger, et donc grossir et perdre le contrôle. Mon estime reposait sur cette aptitude. M'en priver, c'était me condamner.

Au lycée on applaudissait ma résistance à la faim, à la gourmandise et mes kilos envolés. À la cantine, on finissait avec plaisir mes assiettes. Par la suite on n'osait plus m'approcher. Je vivais en dehors de l'agitation de la classe, de l'internat, tout en étant électrique, fiévreuse. Sérieuse, appliquée, calme mais inabordable, infréquentable, fuyante. Le silence m'enveloppait. Mes prises de parole s'effectuaient sous la contrainte, sans cœur. Je n'avais conscience de rien. Tout coulait sur moi. En cours d'art, je dessinais à la chaîne des femmes filiformes. Pour le vernissage de l'exposition de fin d'année, j'avais réalisé une performance dont le souvenir me désarçonne. Enchaînée avec des dizaines de ceintures à une vieille chaise en bois, placée devant le buffet, je ne parlais pas, ne regardais personne. Et évidemment, ne mangeais rien. Le monde vivait autour de moi, rires, discussions, grignotage… Personne ou presque n'a remarqué ni le happening ni mes lèvres qui bleuissaient. J'ai vécu ce soir-là la mise en scène artistique de l'indifférence quotidienne. (À la fac, mon mémoire traiterait encore du corps, de sa représentation, de sa perception. J'utiliserais les notions de *body art*, aurais recours aux dessins et surtout aux photographies. Des démarches artistiques en écho aux obsessions journalières.) Mes professeurs d'art et de sport avaient perçu un malaise. Tenace, l'enseignante d'éducation physique plantait ses yeux dans les miens pour me faire avouer. En vain. Elle me sermonnait quand elle me surprenait dans les placards du gymnase à enchaîner, entre deux matchs de badminton, des séries d'abdominaux. M'observait, inquiète, quand, épuisée, je chutais de la poutre. J'étais douée en gym, j'avais la charge des

136

démonstrations des exercices au reste de la classe. Pourtant, en quelques mois je n'ai même plus eu la force de monter sur les agrès.

À l'internat mes deux camarades de chambre mangeaient les gâteaux que j'apportais le dimanche soir. Ceux que, devant ma mère, je prétendais confectionner pour en profiter entre amies. Elles riaient de mes heures de musculation à l'extinction des feux. Quand elles n'ont plus deviné mon corps sous la couette sous laquelle je m'écroulais à 17 heures elles ont commencé à s'inquiéter de mes nuits blanches, de mes thés en guise de repas, de mes silences, de mes doigts bleus. À leurs « Ça va ? » je n'ai rapidement répondu qu'un « Et toi ? » ourlé d'un sourire déclencheur d'une conversation à sens unique. Mais j'étais devenue suspecte. Une surveillante, aujourd'hui encore mon amie, me veillait du coin de l'œil, m'offrait de son temps durant l'étude. Ses égards m'ont profondément touchée, mais elle ne pouvait rien faire : il était trop tard. De semaine en semaine, je ne prenais même plus la peine de faire illusion en remplissant un plateau au self. Je l'ai remplacé par une soupe lyophilisée à 0 %. Puis ai diminué la quantité de soupe bue les dents serrées. J'ai fini par ne plus vider la totalité des flocons d'un stick, par jeter les trois quarts de ma tasse d'eau chaude à peine colorée. Par passer ma carte à la cantine (acte indispensable pour attester de la présence des internes) pour la quitter immédiatement. Toute la semaine le poids affiché sur la balance le dimanche précédent me hantait. Je pronostiquais la perte qu'elle indiquerait le vendredi soir suivant, et tombais souvent juste.

À la maison, ma mère me questionnait. Silence. Qu'aurais-je pu répondre ? Dû répondre ? Trop occupée à copiner avec l'anorexie qui n'avait pas encore dit son nom, à éviter les repas ou à les préparer pour tricher sur mes portions, la cuisson, je me sentais agressée par ses interrogations. En fait, j'allais très bien tant qu'il n'était pas question de manger. Mais j'avais l'impression de passer mes week-ends à ingurgiter. C'était insupportable. Pour mes proches, il me semble être devenue distante, parfois sur la défensive, mais sans avoir jamais engendré ni scène ni conflit. Je n'avais seulement plus faim. L'inappétence pour la vie, et non plus seulement pour la nourriture, est venue plus tard, avec son lot d'idées noires.

À cette période, j'ai connu un choc : *Elle n'était pas d'ici* et par la suite *Lettres à l'Absente* de Patrick Poivre d'Arvor. Je ne sais plus vraiment comment j'avais eu vent de ces livres dédiés à sa fille Solenn, car ils n'étaient plus dans l'actualité littéraire. En revanche, je me souviens de ne les avoir sortis qu'à l'abri des regards, de les avoir trimballés partout, d'avoir annoté des pages, de les avoir tachés de larmes. Aujourd'hui encore ils siègent dans ma bibliothèque. Ils ont mis un nom sur ce qui m'agitait. Je n'étais pas folle, mais malade. Anorexique. Et c'était mon secret.

Un matin de mai, j'ai craqué. De l'infirmerie où j'avais échoué, j'ai appelé ma mère. Incapable de m'expliquer, j'ai lancé : « Je crois que je ne vais pas très bien. » Elle m'a répondu : « Je sais, j'attendais que tu m'en parles. » Sans ce jour d'extrême faiblesse, j'ignore si cette confession serait venue à temps.

J'étais en terminale, on me parlait du baccalauréat à décrocher, de l'avenir, de mes cheveux, de mes dents, de mon devenir de mère en péril, de ma vie en danger, d'hôpital... On me fixait un poids à atteindre, des menus, un suivi avec une psy et ma généraliste. J'ai cédé sur tout. En apparence seulement car j'esquivais autant que possible et compensais par ailleurs. J'obtempérais sur le supportable et l'incontournable pour obtenir la paix, pour réussir ce fichu bac et partir. J'ai beaucoup menti. Falsifié. Dupé. Manipulé. J'ai décortiqué les gélules minceur de ma mère pour voler une partie de la poudre. Sali des assiettes, jeté le repas que j'aurais dû avaler pour prétendre avoir déjeuné. Organisé des sorties pour sauter les repas. Inventé des menus pris hors de la maison. Prétexté une envie d'air pour aller vomir dans les champs, abandonnant une serviette de toilette familiale dans les bois. Acheté des crèmes amincissantes. Vomi sous la douche. Multiplié les exercices de musculation la nuit. Mangé en cachette, sans laisser de traces, quand par la suite le corps s'est rebellé. Me suis levée tôt, puis recouchée en silence, afin de me peser sans être surprise, sans le poids du thé que je prendrai ensuite. Quelquefois, j'ai été démasquée, mais n'ai jamais tout avoué. Au lieu de parler, je saturais des cahiers entiers de dégoût, de colère, de désillusions, de chiffres, d'espoir du vide. On me disait de me remplumer, me pinçait les joues, m'incitait sans tact à manger plus parce que « ça n'allait pas me faire de mal ». Je rageais intérieurement, arguant qu'« il n'y a pas que la bouffe dans la vie », et le dimanche, à table, je me répétais « je préfère crever la bouche ouverte que pleine ». Je ne voulais pas ressembler à ceux qui me semblaient avaler des quantités gargantuesques de nourriture. Manger me faisait tellement mal, je ne comprenais pas pourquoi on m'obligeait à le faire. Les remarques motivées par l'angoisse des miens, leur obsession autour de ma non-alimentation, de mon faible poids, me rendaient (silencieusement) folle. Je leur cuisinais des recettes soigneusement collectionnées, même si, à une période, le contact avec des aliments gras me tétanisait. (Je redoutais l'infiltration du beurre par les pores de ma peau.) Je préparais leurs plats préférés, ajoutant ici ou là de quoi les « maintenir en bonne santé ». Je ne refusais pas de venir à table, je picorais des aliments que j'avais pu choisir, analyser, préparer, quantifier. D'autres fois, à terre, je devais fournir des efforts colossaux pour de la soupe que je détaillais, redoutant que ma mère ait encore ajouté de la crème. Heureusement, elle ne m'a pas longtemps forcée à manger ce qu'elle préparait pour elle et mon frère. J'ai eu cette chance. Sinon, elle m'interrogeait sur mes envies. Lucide sur le mal que je causais, j'essayais d'émettre un désir. Puis pleurais parfois dans ma chambre dix minutes avant le dîner quand je sentais la force d'avaler l'aliment désigné par mes soins me quitter. Ma mère a fini par céder sur les produits allégés, admettant qu'il valait mieux light que rien. Quand je n'avais pas d'échappatoire, j'imaginais un tube en acier me traversant. Les aliments seraient alors passés sans me toucher ni me salir. Sans m'engraisser. Un leurre dont je n'étais dupe malgré mes litanies : « Jamais plus je ne mangerai. » J'aurais tellement aimé ne plus jamais avoir à avaler quoi que ce soit. J'ai pleuré des nuits entières pour des assiettes à peine remplies, revivant les repas fourchette après fourchette.

Le diagnostic de l'anorexie mentale était alors connu de ma famille. Mais nous ne l'évoquions pas, moi la première. À la moindre énonciation du mot « anorexie » quelque chose se brisait en moi. Je me fermais, je n'avais aucun mot pour m'exprimer. Mes douleurs portées à fleur de peau par la maladie restaient indicibles. Or, sans explications comment les miens auraient-ils pu me comprendre ? Je taisais mes peurs, ne hurlais pas mes colères, mon écœurement, mes incapacités, ma fatigue. Lorsque j'atteignais mes limites, je rejoignais ma mère sur le canapé, en silence me calais contre elle le temps de me rasséréner. Les tentatives de verbalisation de mes pensées m'attiraient de compréhensibles objections, la réfutation de mes sentiments : « Mais non, tu n'es pas grosse. Tu dis n'importe quoi ! » Qu'importe si cela était vrai ou non, le sentiment était lui bien réel. Si je me plaignais d'avoir froid, j'entendais : « Tu n'as qu'à manger plus. » Je n'insistais pas. Fuir les conflits a toujours été ma lâcheté. Je plie plutôt que de déclencher une dispute. Trop peu sûre de moi, de mon droit d'être, je refuse de m'affirmer, quitte à le payer. Je viens aussi de ces familles qui prônent la communication sans savoir la pratiquer, faute d'avoir été éduquées en ce sens. Si me taire me permettait de maigrir en paix, cela me paraissait surtout la meilleure tactique pour préserver les miens. Ils ne devaient pas endurer mes douleurs. Le spectacle des repas, d'un corps émacié, leur était suffisamment désagréable. J'ai quelquefois écrit (surtout durant mes deux premières années de fac) des lettres à ma mère. Je ne les ai jamais relues. De mémoire, je grossissais pour elle l'espoir, pour m'en galvaniser aussi, la déculpabilisais et glissais ici ou là des

141

confessions sur mes terreurs et ma faiblesse physique. En fait, au lieu de crier au secours, je fuyais. L'anorexie me guidait. Et comme elle seule me donnait une contenance, je n'écoutais qu'elle. Nous n'étions qu'une.

Essayant de m'aider, ma mère est devenue ma protectrice et, d'une certaine façon, ma complice. Elle excusait mes absences, mes jeûnes auprès de la famille, des amis. Elle me soutenait comme elle pouvait, s'emportait parfois contre la maladie. Mon père, bon vivant, n'a, je crois, jamais compris ce que je vivais sous l'emprise de l'anorexie. Qui le peut ? Un jour, choqué après avoir appris mon poids par ma mère, il m'a lancé : « Tu te rends compte que tu pèses moins qu'un sac de ciment ? » Une ou deux fois il a essayé de parler, mais les échanges furent stériles. À table, il soupirait face à mon vinaigre à la salade verte ou s'énervait : « Mais mange, ça ne va pas te tuer. » Difficile de faire entendre que manger me tuait. Mon frère répétait : « Arrête tes conneries, tu n'as plus de fesses, de poitrine, de joues, c'est moche ou "Tu veux perdre un os" ? » Il tentait l'électrochoc ou peut-être en avait-il assez que mon mal-être agite son quotidien. J'imagine qu'entre eux la maladie a été un sujet de discussions, de disputes sans doute.

Je n'ai pas vu tout de suite leur peur. Puis j'ai réalisé et m'en suis voulue. Jamais je n'avais cherché à les peiner, ni à engendrer un sentiment d'impuissance, ni à les désemparer comme je l'ai fait. Je les ai meurtris. Et cela m'était insupportable. Mais le mal était fait. Et il demeure. Ils ont essayé de m'aider. En vain, car ils n'en avaient pas plus que moi les moyens. Par chance, ils m'aiment malgré les dégâts que j'ai provoqués.

Même maladroits, ils ont essayé de me soutenir et je leur en suis reconnaissante.

Aussi, après les avoir tant déçus et blessés, je voulais les rendre fiers. Ne plus être source de malheur. Mais j'étais incapable de renoncer à l'anorexie, de vivre sans elle. J'ai alors mené une double vie, m'y suis usée et perdue. Je validais toutes leurs demandes, ne désavouais pas leurs espoirs, semblais me battre. Dans leur dos, je n'étais que vide et obsessions muettes. L'été, je tenais en rêvant du néant de mon frigo et de mes placards, une fois étudiante. Cela a duré quatre ans. Deux mois en famille à minimiser la violence de la confrontation avec la nourriture, à prendre des centaines de grammes voire un ou deux kilos qui me minaient (d'autant plus que ce poids, en plus d'être indésirable, me semblait salement pris). À enchaîner les heures de travail : cueillette d'abricots de l'aube au zénith, puis, caissière, je me rendais à mon poste en vélo et refusais de m'asseoir derrière ma caisse, enfin, j'ai cumulé deux emplois, usine le matin, journal local l'après-midi. À l'université, j'ai tout éliminé à la puissance dix. Mes rechutes ont été plus violentes à chaque fois. Une seule frénésie : ne pas manger, maigrir, me purifier et m'envoler. Sur scène, le combat. En coulisses, les marches arrière. Cela n'avait rien d'un jeu ni d'un choix. Cela me tuait autant que cela me maintenait en vie.

Depuis l'anorexie, je ne tiens pas en place. Culpabilité de l'inertie, de l'improductivité, de la paresse, de l'inutilité. Et puis, j'avais des comptes à rendre à mon tyran intérieur. Des kilos à perdre surtout. À la fac, je vérifiais mon poids douze à quinze fois par jour, montant jusqu'à ce que le chiffre soit trois fois de suite le même, espérant que le double zéro au démarrage de la balance serait un jour mon poids. Habillée, déshabillée, connaissant le poids de mes tenues à la centaine de grammes près pour savoir à chaque instant mon poids, même si je n'avais pas le temps de me dévêtir. Je faisais des centaines d'abdominaux par jour, courais des heures au soleil, marchais ou pédalais à en tomber. Le reste du temps, je cumulais cours et travail à la bibliothèque où je grelottais de froid. Je fascinais, me dira-t-on par la suite. Entre attrait et répulsion, on me congratulait pour ce corps qui finissait par effrayer. Je ne faisais qu'étudier, m'épuiser, ne dormais plus, ne mangeais plus, ne ressentais aucune faim. Consciente que cela était dangereux, je n'avais en revanche aucun moyen d'enrayer la machine. Me tenir loin de la nourriture rendait le quotidien vivable. Il me fallait règles et garde-fous pour l'affronter, une à deux fois par semaine quand les vertiges étaient trop violents. Je mangeais seulement si le corps menaçait de céder (les malaises en public m'épouvantaient déjà. Montrer la moindre faiblesse, subir questions et regards est inenvisageable). Les repas étaient soumis à condition : avoir suffisamment maigri pour manger une quantité minimale de nourriture la moins calorique possible, puis l'éliminer par d'autres restrictions et par le sport. Jusque dans mes rêves, la nourriture me poursuivait. Je me voyais dans une cantine, obligée d'avaler tout ce qu'on me tendait, sans rien choisir, ni trier, ni jeter. Un enfer pour les nerfs et l'entendement. Alors je contrais comme je pouvais : aliments pesés, transformés en chiffres, additionnés à la virgule près. Le tout n'atteignait pas la quantité d'un repas d'enfant en bas âge. Pourtant, bien souvent je n'ai pas supporté d'avoir cédé aux besoins de la matière au point de retirer une pomme de ma noix d'estomac. Effort anéanti en moins de temps qu'il m'en avait fallu pour le produire. Après, j'oscillais entre le soulagement et la honte. Face à la nourriture, la paix n'existe pas.

Cette contrainte de m'alimenter, à un moment ou à un autre, me dévastait. Ces repas d'urgence sonnaient l'heure de la victoire et de la trahison. L'ambivalence a été plus grande encore quand j'ai essayé de lutter contre l'anorexie en me nourrissant plus souvent. Mais je ne savais plus le faire. J'ai passé des heures à débattre face à un yaourt nature 0 %, tendant la main puis me ravisant. Chorégraphie sinistre et éreintante. Même en période d'examens (un supplice pour ce corps contraint à l'immobilité sur des sièges en bois d'un autre âge, confortables pour personne) les soliloques me déchiraient. J'ai rarement trouvé la force de manger avant les partiels, même au nom de la réussite universitaire. Quant à prendre des forces durant les examens, au vu et au su de tous, impossible. Boire devenait également difficile. L'eau m'alourdissait autant l'estomac que l'esprit. Lorsque mes parents me rendaient visite et remplissaient mon frigo, je m'inventais à leur départ une vie sociale pour rétablir le néant. Mes convives, ravis et repus, vantaient mes talents de cuisinière (exacerbés par la maladie). Les présents alimentaires que l'on m'offrait faisaient la joie des SDF du quartier. Ainsi, adieu provisions sans rien avoir à jeter (on m'a appris à ne rien gaspiller), sans rien avoir à avaler. Je jubilais de soulagement.

Durant ces années, mon bien-être passait par l'absence de nourriture. Le déni était très présent. Mais la réussite universitaire était au rendez-vous. Tout allait si bien que bientôt, à force de perdre un kilo par nuit, je ne parvenais plus à me lever le matin. Tout allait si bien qu'une nuit j'ai senti la mort m'enlacer. Honteuse à l'idée que l'on reproche à ma famille ma disparition, j'avais rampé jusqu'à la cuisine pour attraper une pomme.

Maigrir ne se limite pas à un poids chiffré. Évidemment, constater la décadence chiffrée était (et reste) jouissif, encourageant, comme sentir la faim gronder au tout début du régime s'avérait rassurant. Mais pour moi, maigrir relève bien davantage de la nécessité de transposer un désir, un besoin de transparence de mon existence et de mon identité sur *l'objet corps*, de ressentir ma propre appartenance aussi. La réaffirmation de cette propriété qu'est ma chair, en tant que composante identitaire, passe par la soumission, la contorsion de celle-ci aux impératifs de mon esprit influencé par l'anorexie. Reconstruire un corps aux dimensions éthérées, minimales, pour passer inaperçue et pour accorder le corps au diapason de mes sensations. Être toute petite, moins que rien, comme je me sens l'être. Dessiner et maîtriser mes contours, sentir la paroi de ma peau sur mes os, pour m'identifier. Pour me mettre en sécurité, aussi. Souvent, l'impression de flotter dans un corps démesuré me saisit. Étrangère à moi-même. Un rêve revient aussi : mes côtes se séparent, laissent sortir quelque chose. Quelqu'un ? Quelqu'un d'autre tapi tout au fond de moi ? Moi ? Avec l'anorexie, ce corps, à la fois nié et objet de toutes les attentions, m'appartenait pleinement, le connaître sur le bout des doigts me permettait de le désavouer. De le rejeter. Il me fallait maigrir, quel qu'en soit le prix. Plus tard, comme craint, il allait m'échapper, se révolter, en appeler à la boulimie, déclencher l'incompréhension, la dissonance sensitive, l'inconnu, la peur…

✳ ✳ ✳

Au plus fort de l'anorexie, je vivais donc seule et loin. La maladie m'habitait entièrement. Au-delà de fugaces éveils, l'anorexie et moi étions si unies que les « tu as besoin d'aide, tu es malade » m'excédaient. Je n'avais, au quotidien, quasiment aucun regard extérieur. Mon poids conditionnait déjà ma journée, ma semaine. Il indiquait des pertes conséquentes dont j'étais incapable de voir les conséquences sur *mon* corps. Jamais je ne me suis sentie maigre. Mais toujours trop grosse, de trop.

Quelquefois je passais mes mains sur ce corps. J'avais alors l'impression que quelqu'un d'autre me touchait ou que je frôlais un autre corps. Hanches, poignets, cuisses, côtes, taille, joues, je vérifiais autant l'absence que la présence. Je plantais ce corps face au petit miroir de la salle de bains pour le détailler. Pas pour l'admirer. Je ne l'ai jamais trouvé beau, même à un poids dit critique. Regards haineux et dégoûtés, et à la fois distanciés. Ce corps répugnant ne pouvait être moi, le véritable moi. D'autres fois, furtivement, je m'assurais dans les vitrines, habituellement évitées, que j'étais encore là. Seule, puisque je fuyais déjà les appareils photo, j'installais aussi *mon* corps face à un objectif. Marionnette dégingandée mais docile. Je voulais du recul, de l'objectivité, de la froideur, m'observer comme les autres croisés ici ou là me voyaient. Mais je percevais l'image d'une inconnue. Des rares traces photographiques qu'ils me restent, j'ai du mal à tirer des conclusions définitives, à me dire maigre. Les bons jours, je concède un mince. Pourtant, à vingt ans, je m'habillais en taille dix ans. Je n'ai qu'une certitude face aux photos où mon visage apparaît : un regard vide, l'incarnation de l'absence. Les chiffres à la baisse, les os qui heurtent tout, les complications physiques, les alarmes du corps et des médecins, la menace de l'hospitalisation, les larmes de ma mère, les cris bienveillants des miens… Et malgré tout ce sentiment de *trop* persistait. Prévalait.

Avec les années, je me demande si l'hospitalisation ne m'aurait pas été utile à ce moment-là pour prendre la dimension de la maladie. L'hôpital n'est certes pas magique et implique de rencontrer les bonnes personnes. Mais j'y pense parfois. Une fois, à bout, j'avais prié ma mère d'engager des démarches en ce sens. Sa lettre adressée à ma généraliste n'a pas obtenu réponse et, durant ces deux jours de silence, l'anorexie a repris le dessus. Il était possible de tenir encore, c'est-à-dire de maigrir encore. Ma tête me refusait la capitulation. Je me suis ravisée auprès de ma mère, et mon médecin, m'estimant « assez intelligente pour m'en sortir », n'a jamais donné suite. « Si ce n'était pas toi, avec cette maturité qui te caractérise, je t'aurais déjà fait hospitaliser », me dira-t-elle dit plus tard. Qu'importe, l'anorexie avait à nouveau gagné. Double tour de clé sur ma prison. Un psychologue de la polyclinique consulté lors de ma première année de fac a un jour évoqué l'hôpital, mais c'était trop tard. J'ai refusé, prétextant mes études, l'impact sur la famille, les « qu'en-dira-t-on » et, en silence, le coût d'une telle prise en charge que je ne méritais pas. À la trappe donc les soins hospitaliers, et avec eux les bribes de ma lucidité.

En dehors de ma requête, je refusais d'être aidée, malgré les rendez-vous médicaux que j'honorais en enfant bien élevée. Personne ne devait savoir ce que tout criait. C'était absurde et inviolable. Je niais tout en bloc : c'était aussi invivable que vital. Cela relevait de la protection, même si, face aux miens, je me trouvais infâme de leur mentir à tout va. Je refusais de peser sur quiconque. Mais en fait, au fur et à mesure de ma chute, ce n'est que sur moi que je ne pesais plus. Au fil des pertes, sensations, émotions disparaissaient. Insensible et à vif, paradoxe d'anorexique. Je suis devenue de plus en plus faible, heureusement mes proches n'ont pas vu ce triste spectacle. La courbe descendante faisait voler en éclats le seuil à ne pas franchir sous peine d'être hospitalisée. Étant suivie en ambulatoire, je me gardais bien d'en faire part aux médecins et aux miens. Je tâchais de rester l'enfant sage et facile, la fille prétendument intelligente de la famille, dont j'espérais que mes parents étaient un peu fiers. J'étais celle mi-esprit mi-artiste qui savait se débrouiller. Je me devais de ne pas les décevoir, de tirer droit devant, d'être le porte-drapeau d'un nom que je devais honorer et que je trahissais en même temps par mes aspirations si loin de mes racines. Mascarade, apparente normalité. Aujourd'hui ma vie a l'allure de celles des adultes. Mais je me sens encore toute petite, si souvent en dessous de tout.

Les médecins n'auraient peut-être pas dû me faire confiance ni se laisser embobiner par mes promesses d'agir. Savais-je si bien mentir ? Ils n'auraient pas dû m'estimer si forte, si apte. Je n'ai pas le souvenir que l'on m'ait posé les bonnes questions. Je me noyais dans mes larmes et mon silence. Qui, de toute façon, a envie de se confronter à une telle absurdité ? Personne, et c'est humain. C'est un regret, pas un reproche. Un regret minimisé puisque à l'époque peu de mots me touchaient. C'est toute l'ambivalence de l'anorexique qui veut refuser le despotisme de la maladie mais n'a pas d'autre réalité que l'anorexie, qui jongle entre « sauvez-moi » et « fichez-moi la paix ». Frustrée, déçue des mots, des gestes, des silences, de la vie, je me sentais en décalage. Incomprise. Les mots n'étaient jamais les bons, même si j'ignorais ceux attendus. Égards, recommandations comme reproches m'agressaient. Qu'on se penche sur mon cas, *mon* corps me rendait folle alors que parfois je crevais d'envie d'être rassurée et soutenue. Dans ces conditions, m'aider était certainement utopique. Néanmoins, je n'admets pas le discours de ceux qui n'ont jamais fait un pas vers moi et qui se dédouanent en prétendant n'avoir pas voulu me brusquer, avoir voulu respecter mon désir de paroles. Je m'éteignais de jour en jour. Fallait-il vraiment écouter mon angoisse de parler ? On aurait dû me tirer, contre mon gré sans doute, vers la surface. Seule, je pensais ne jamais y parvenir malgré de réels, mais passagers, désirs de guérison. Il s'en est fallu de peu pour que je ne remonte pas. Et je crains parfois de ne pas m'en être si bien sortie que ça.

Longtemps ma propre ambiguïté m'a déboussolée. Longtemps je me suis reconnue malade puis non, forte puis piégée. J'avais si peur que je courais vers l'anorexie pour garder un semblant de dignité et ne pas devoir avouer être prisonnière.

Plaie et couteau. Coupable et victime. Cachée sous des amas de pulls, j'ai souvent eu (et éprouve encore) le sentiment que les miens profitaient des rares embrassades pour tâter mes côtes, mesurer pertes et reprises de poids. Regards et jugements des inconnus me terrifiaient, quelquefois me tranquillisaient. Ils ne me connaissaient pas mais me trouvaient étrangement mince. Puis maigre à faire peur. Cela me rassurait. Quand je croisais des anciennes du collège, j'exultais, ayant l'impression d'avoir pris ma revanche : la petite boule était devenue plus mince, plus résistante, plus pure que toutes les adulées d'autrefois. Aujourd'hui la majorité a un fiancé, un mari, parfois des enfants. Et moi j'ai perdu mon temps sur une balance, sali ma jeunesse de vomissures, usé mes sens en les intellectualisant... À l'âge où les lycéens vivent leurs premiers émois, je n'avais que l'anorexie à mon bras. À ses côtés, j'ai fui les relations humaines et amoureuses jusqu'à en perdre le désir. Je me sentais seule contre tous. Seule. Je me souviens pourtant des mots des miens, des amies chères. Elles sont peu nombreuses à ne pas s'être détournées de moi et à m'avoir dit que j'étais maigre. Ano-rexique. Je me rappelle de mon irrépressible sourire en lisant ces mots, suivi des larmes. De même, des déclarations telles que « je ne comprends pas pourquoi tu mises autant de ta per-sonne sur la question de ton poids » ou « tu m'aimes, pourtant j'ai des kilos en trop. Alors pourquoi ne pourrions-nous pas t'aimer pour ce que tu es ? » m'ont fait réfléchir. Mais je n'ai toujours pour réponse qu'un silence. Les « cela me fait plaisir de te voir manger » me laissent également déconfite, avec une seule envie : pleurer.

Un autre paradoxe m'agitait. Si la plupart du temps je réfutais l'étiquette *anorexique*, j'avais régulièrement besoin d'entendre le mot honni de la bouche des spécialistes. Ils étaient les plus légitimes à faire tomber le couperet, étaient ceux qu'en théorie j'aurais le plus de mal à contredire. Il me fallait vérifier que j'étais bien malade de cette pathologie-là, comme pour savoir contre quoi je me battais certains jours. Et je m'effondrais face à l'endocrinologue qui annonçait mes pertes (elle m'avait interdit de me peser), alors que je l'avais écoutée, mangeais plus. J'avais peur qu'elle réfute mes dires, qu'elle ne croie pas à mes efforts, si douloureux. À l'inverse, quand la réalité des troubles m'insupportait, je fuyais les médecins ou en silence contrais leurs démonstrations. J'étais intouchable. Vulnérable, en danger de mort, mais inébranlable dans mes certitudes. Ils avaient tort, j'avais raison. Ils ne me comprenaient pas (ce qui, du reste, n'était pas tout à fait faux). Ainsi, après des examens plus subis que souhaités, j'écoutais une chef de service me dire combien de laitages manger par jour pour espérer redensifier ma masse osseuse car, à vingt-deux ans, mes os en avaient soixante-sept. Obéissante, d'un hochement de tête j'avais acquiescé à ses conseils insensés. Les quatre yaourts par jour préconisés représentaient ma ration maximale pour deux semaines. Elle n'avait même pas conscience que, malgré la meilleure volonté du monde, je n'aurais jamais pu les avaler.

Ma garde tombait déjà rarement. Longtemps, je n'ai pas saisi en quoi le fait que je mange ou non, que je vive ou que je crève, les intéressait. Assise dans leur bureau, comme pour un match, je comptabilisais les minutes de silence. Je gagnais souvent. Je ne réalisais pas que je jouais contre moi. Quelque part, j'en voulais à ces professionnels se disant là pour m'aider, et qui en fait me regardaient m'enliser. Leur confiance en moi me révoltait. Elle creusait des fossés, plaçant toujours plus haut la barre des exigences. Ne pas décevoir, surtout, ne pas décevoir. Même ceux à qui je ne devais *a priori* rien, si ce n'est qu'ils avaient posé un regard sur moi. Moi qui n'étais rien. Si je tentais de me battre, j'étais toujours rattrapée. J'étais amoureuse du vide. Une passion aux traits de folie. J'avais voulu expurger, laver et créer quelqu'un de bien. Mais je n'avais engendré que la maladie. Difficile à digérer… Abandonner mon mode d'appréhension déformé par l'anorexie, m'en remettre à mes sens et aux autres a été long. C'est encore hésitant. Mon univers centré sur la perte de poids s'est effrité avec le cheminement vers le combat contre l'anorexie et non plus contre moi.

✳ ✳ ✳

L'anorexie sème la confusion, manipule, gangrène le corps, dédouble la personnalité, l'aliène et en redessine les contours comme elle le fait de la silhouette, soustrait la raison de l'esprit, se travestit en identité. Elle alimente une haine profonde du charnel, dévore de l'intérieur, fait diversion en dissimulant la véritable douleur sous un corps repoussant qui hurle l'évidence de la souffrance. Elle hisse le corps au niveau du langage, vole mots et cris. Elle leurre : une maladie mentale qui affecte le physique trompe facilement. Elle joue avec les apparences et les victimes finissent par adopter ses macabres

153

règles. Malheureusement, l'entourage et la société, pourtant épargnés par les œillères de ce trouble, n'envisagent l'anorexie que si le corps en fait la démonstration. Et ils renforcent la maladie.

Au fil des années, pour mes proches, l'inquiétude a fait place à l'habitude. Aujourd'hui mes restrictions alimentaires sont admises. Je ne mange toujours pas les mêmes plats que tout le monde. Qu'importe. Il n'y a plus lieu de s'alarmer, puisque j'ouvre la bouche, suis plus en chair qu'en os, porte du XS ou du S et non plus des tailles enfant. On me permet tous les contournements, ou presque. Je suis une anorexique qui n'effraie plus. J'entre dans les schémas admissibles. Malgré mes efforts subsiste une fragilité plus ou moins incommodante et la chronicité de mes troubles m'affole. Devoir récupérer salade ou haricots avant que ne tombe la vinaigrette ou le lard est très loin de m'enchanter. Je perturbe malgré moi la tranquillité et le plaisir des miens et m'inscris toujours en marge. L'anorexie n'est pas vaincue, seulement plus aussi visible et dérangeante.

Pour beaucoup, l'anorexie implique la preuve par les os. Tellement de gens pensent qu'un kilo repris ou un aliment réintroduit, même une seule fois, dans un effort dont personne ne mesure l'intensité, annonce la guérison. Raisonnement totalement erroné ! Mais comment l'expliquer ? Il faut vivre dans sa chair les troubles alimentaires pour en saisir la violence. Être incapable de les déchiffrer, c'est en être préservé, alors tant mieux ! Je n'exige pas la compréhension, mais le jugement lapidaire basé sur l'apparence me met hors de moi. C'est trop facile ! Les rares fois où, à un poids dit normal, j'avoue être anorexique depuis onze ans, que me nourrir est pénible, mécanique, intellectualisé, sans plaisir ou que ce corps me dégoûte, on me détaille : « Ah bon ? Ça ne se voit pas. » Comme si seuls les os saillant sous mes vêtements pouvaient valider la véracité de mes propos, de mes douleurs et de mon combat. Normale, mince à la rigueur, mais pas maigre, pas comme à la télévision, pas comme dans la presse. Et on me renvoie à mes démons avec une négation de plus. Ces réactions me dissuadent de toute extériorisation. Elles me donnent à penser que je n'ai peut-être jamais été malade, finalement, puisque je ne suis plus maigre. Je réajuste alors mon joli petit sourire et pleure à l'ombre des regards.

Pour d'autres, les troubles alimentaires ne sont qu'un phénomène lié à la mode. Combien de fois ai-je entendu : « Tu veux ressembler aux mannequins, c'est ça ? » Absolument pas ! À moi seule ! Aussi égocentrique que cela puisse être. Les filles des podiums ne sont en rien des modèles. Et celles visiblement malades me touchent au même titre qu'une anorexique croisée dans le métro. Les mannequins n'ont, chez moi, rien déclenché. À peine me servent-elles d'alibi pour ne pas me raisonner. Ponctuellement elles renforcent mon sentiment d'être grosse, mais comme une femme ou une préadolescente filiformes aperçues dans la rue peuvent le faire.

Les médias entretiennent ces clichés. Ils se focalisent si souvent sur les victimes rachitiques, au pronostic vital engagé, reviennent sans cesse sur celles qui malheureusement décèdent. Évidemment, il faut en parler. Les victimes de la maladie et celles qui ont choisi de mettre fin à leur calvaire occupent toujours mon esprit. Je connais dans mes tripes leurs tourments comme je reconnais d'un coup d'œil une anorexique d'une fille mince de nature. Je ne critique pas les malades cadavériques, je l'ai été. Seulement, ne parler de nous qu'à ce stade de la maladie (qui n'est d'ailleurs pas commun à toutes et à tous, puisque l'anorexie touche aussi les garçons) pérennise la croyance incorrecte que l'anorexie rime avec squelette et qu'elle disparaît avec un poids acceptable (pour la société). Cela exclut aussi les anorexiques dont le corps ne crie pas les douleurs jusqu'à l'horreur et alimente nos tourments. Je suis en colère contre l'anorexie, mais tout autant contre le détournement médiatique de nos discours schématisés à l'extrême. L'anorexie tue, c'est une réalité. Mais réduire la maladie à des os est une erreur. De même, résumer la boulimie à l'ingestion d'un frigo en trente minutes ou à une journée entre cuisine et toilettes s'avère réducteur. Cela ne dit rien de ce que cachent ces actes extrêmes et dévastateurs.

La campagne publicitaire de l'automne 2007 *No-l-ita, No-Anorexia* signée Oliviero Toscani a été violente pour moi. L'action prévaut certes à l'indifférence. Tâtonnements, essais et échecs participent incontestablement au progrès. Néanmoins, ce coup médiatique n'a pas récolté les résultats escomptés. Plus de quatre ans après, rien n'a changé. Ou si peu. Elle se voulait électrochoc, elle a tout juste été mangeuse d'encre sympathique. Face à ces photographies, je n'ai pas eu peur, n'ai pas été dégoûté. Et je ne suis pas la seule à avoir réagi ainsi. Peut-être n'en a-t-il pas été de même pour les prétendantes au régime, pour un public à risques, pour la prise de conscience de ceux qui ne connaissaient pas les possibles dégâts de l'anorexie. Mais pour les anorexiques, les premières concernées, c'est une autre histoire. Devant ces deux clichés, une seule idée m'obsédait : « J'ai échoué ! » Mes années d'anorexie ont été niées en une seconde. J'ai franchi à nouveau le seuil d'une porte ouverte sur l'abîme. Ce corps placardé en 4x3 a rouvert ma plaie. Dans les yeux de cette jeune femme, malheureusement condamnée à incarner l'extrémisme de l'anorexie, je lisais l'accusation, le défi, l'appel à l'anorexique que j'étais et que je reste. Cette exposition impudique a réalimenté le dégoût de *mon* corps, a donné force et légitimité à la voix de l'anorexie. J'ai eu besoin de me prouver que j'étais encore forte à ce point-là. J'avais trahi l'anorexique en moi. La spirale infernale ne s'est pas fait prier. Retour à la torture quotidienne avant un rebond salvateur, sécurisant. Je n'en ai pas fini ni avec l'anorexie ni avec la guerre.

Une anorexique oscille souvent entre déni et reconnaissance de la maladie, entre abandon et désir de guérison. Son corps parle, mais il ne devrait pas être contraint à s'étioler, à frôler la mort pour qu'elle soit entendue. N'être reconnue malade qu'à travers un poids alarmant entretient la surenchère de la perte. Si une malade ne correspond pas à ce que la société attend d'elle en tant qu'anorexique, c'est-à-dire à une fille extrêmement maigre, comment pourrait-elle s'avouer malade ? S'autorisera-t-elle alors à crier à l'aide ? Essaiera-t-elle de pallier ses douleurs autrement qu'en se détruisant davantage ? Ne puisera-t-elle pas dans ce défaut d'égard un élan pour achever son sabordage ? L'engrenage anorexique se nourrit d'un rien. Quand arrêtera-t-on de nous réduire à un physique ? Quand comprendra-t-on qu'une boulimique n'est pas forcément en surpoids ? Que ces rapports à l'alimentation cachent autre chose ? Pourquoi les médias s'entêtent-ils à véhiculer ces préjugés ? Pourquoi celles qui reviennent à la vie sont si peu entendues et valorisées ? Celles que l'anorexie n'empêche plus de vivre, qui n'ont plus honte de leur corps, connaissent l'amour, la maternité, s'épanouissent et tirent de cette triste expérience la rage de vivre pleinement, existent ! Bien sûr, aider les malades est complexe et les clichés ont la peau dure, mais le regard de la société doit évoluer pour que de véritables changements s'opèrent. Certains sont en cours. Doucement, les perceptions se nuancent, l'écoute, les soins sont plus efficaces, plus sensibles. Plus humains, enfin ! Alors, il faut persévérer. Ne serait-ce que pour sauver une personne. Et au nom de toutes celles qui se battent, qui s'en sortent. En mémoire de toutes celles qui ont succombé.

✳ ✳ ✳

À force de tenir certains discours, j'ai fini par me convaincre et ne plus connaître ma vérité, mes goûts, à commencer par la nourriture évidemment. À force de décliner des plats en raison de leur apport calorique et de mes angoisses, j'ai décrété ne pas aimer tel ou tel aliment. C'est moins désagréable pour un hôte qu'un refus direct et inexpliqué. Mais finalement, je ne sais plus ce que j'apprécie ou pas. Certains plaisirs passés me débectent à force d'avoir trop tenté de les réintroduire ou de les avoir trop régurgités. Il y a aussi ces aliments que je refuse de manger en présence d'autrui. Devant mes proches particulièrement. Si par malheur un jour je ne suis plus en mesure de les ingurgiter, l'agacement se fait légitimement sentir. « Mais tu l'avais mangé la dernière fois… » Comment expliquer la valeur d'une fourchette ? Comment avouer la douleur qui a suivi ? Ou la culpabilité qui a poussé à l'avilissant rejet ? Comment expliquer le mécanisme de la honte et de la colère qui, une fois une bouchée de trop avalée, me pousse parfois à me punir, à me faire plus mal encore au repas suivant avec des nourritures interdites ? Comment expliquer que mon estomac ne digère plus grand-chose ? Au début de ma réalimentation, manger m'épuisait mentalement et physiquement. Les douleurs physiques, l'extrême fatigue m'ont plus d'une fois dissuadée de poursuivre mes efforts. Il me semblait si injuste d'endurer cette double punition pour ces satanés aliments dont je n'avais aucunement envie. Mon système digestif n'avait plus l'habitude de gérer la nourriture. Aujourd'hui, les repas ne sont toujours pas un plaisir. Les envies gustatives sont rares ou monomaniaques. La cuisine sans attrait ni saveur. Les aliments toujours choisis par défaut, avec en tête ceux qui blesseront le moins. Un repas sauté reste une respiration. *Exit* les « Mangera ou mangera pas ? Si oui, quoi ? En quelle quantité ? ». Préservée de ces joutes, la tranquillité d'esprit est garantie quelques heures. Pour le corps c'est autre chose.

Déjeuner avec des inconnus s'avère risqué. La maladie intrigue, le sujet surgit régulièrement, tout le monde a son idée, plus ou moins méchante ou élaborée sur la question. À la moindre évocation de l'anorexie, je me décompose, et plus encore à table. Il est courant qu'un déjeuner que je n'ai pu fuir finisse en calvaire. Ainsi, un jour, quand luttant avec ma salade je ne parvenais pas à échanger, je me suis figée en entendant « anorexique, elle ne mange rien ». Je l'avais longtemps tue, mais ils savaient à présent que moi aussi, l'anorexie… J'étais oubliée pour quelques bouchées que je mettais autant de temps à avaler qu'eux à nettoyer la totalité de leurs assiettes. Avoir mangé leur laissait le droit de bazarder mon anorexie, d'évoquer cette maladie devant moi comme si cela ne m'affectait pas. Qu'importe si ce repas était le seul de la journée puisque j'avais mangé, ils en étaient témoins. Le trouble jeté est resté imperceptible. Trois coups dans mon estomac et mon cœur derrière le rideau de mon sourire gêné. Je n'étais plus là. Le schéma se répète souvent : je me force à manger pour ne peiner et ne déranger personne, ne pas me faire remarquer et j'en paie le prix fort. Voilà entre autres pourquoi j'ai longtemps évité les repas en société, pourquoi je préfère toujours décliner, même si aujourd'hui un déjeuner amical dans un lieu fréquenté (un restaurant, une cantine car il m'est impossible de manger dans la rue, dans le métro) m'est plus aisé. Je me sens cela dit toujours en retrait, trop accaparée par ce qui va entrer en moi.

Seules les quelques personnes qui connaissent l'anorexie, et qui plus est la mienne, et qui ne me jugent pas, me libèrent un peu en face de mon assiette. Seuls ceux qui ne s'offusquent ni de mon temps à choisir une salade sans vinaigrette ni de mon assiette inachevée, ou qui essaient d'adapter menu et préparation en ma présence, me sont d'un véritable soutien. Ils m'aident à apprécier ce moment de partage.

✳ ✳ ✳

Quand j'ai recommencé à m'alimenter, je n'avais qu'une peur : ne plus savoir m'arrêter tant je sentais ce corps en demande et furieux. Ne sachant plus me nourrir, j'ai tenté de me structurer en suivant les conseils de spécialistes. Les portions recommandées m'étaient impossibles à engloutir. Je m'étais donc rabattue sur l'équilibre alimentaire. C'était ma version de l'orthorexie, du « manger sain ». Mais là non plus je ne parvenais pas à respecter les règles. Il manquait toujours une catégorie d'aliments, et j'angoissais, m'estimais bonne à rien. Les crises sont progressivement apparues. À cette époque, j'ai rencontré un jeune homme. Mais à ses côtés j'ai très vite eu le sentiment de n'être qu'un corps. À un poids médicalement insuffisant, *mon* corps plaisait. Effrayée, je me suis enfuie et la boulimie a confirmé son intrusion, avec peut-être pour but de transformer ce corps en repoussoir.

De la boulimie, je parle peu. À mes yeux, la restriction a conservé sa supériorité. Si je dois aborder mes troubles alimentaires, je mentionne l'anorexie. Si je me sens vraiment comprise, j'évoque quelquefois les crises, les vomissements, l'automutilation (tout cela vide d'une douleur). Avoir connu la boulimie après l'anorexie a davantage brouillé les pistes de mon identité. Et ce, aussi limitées aient été mes crises. Après avoir eu durant des années la sensation d'être forte, de maîtriser ce corps et le trivial, la boulimie détruit, salit, humilie, rabaisse. Dans le miroir, plus rien. Juste un amas de faiblesses, sordide, sans volonté qui me donne envie de me cracher au visage. Elle me renvoie un reflet à l'opposé de ce que j'étais et qui me rendait mon existence légitime. Sentiment de culpabilité, d'échec, de médiocrité, de trahison encore. Les épisodes de boulimie réduisent à peau de chagrin l'estime que je me porte. Avec eux, insidieusement, l'anorexie redore son blason car, après avoir « tant » été, quel revers. Et ce même si à 27 kilos de moins que ma taille je n'ai jamais aimé mon corps. Décharnée ou normale, j'ai toujours enfoui ma silhouette sous des vêtements. L'objet du délit ne doit être visible ni des autres ni de moi.

Après une crise, bien moins fréquente qu'il y a quatre ans, il me faut nettoyer. À défaut de m'effacer, à grandes eaux, traces, indices et preuves à charge j'efface. J'évacue. J'ôte de mon estomac, de mes sens et de ma conscience un versant du poids. Oublier, sous peine de ne pas m'en relever. Je me promets *plus jamais*. Je lave un crime, celui d'avoir régurgité, qui lui-même me lavait de celui d'avoir mangé ou trop ou mal mangé. Manger rime toujours avec faute, faiblesse et, tant cela me broie, demeure le meilleur moyen de me punir et la pire des punitions. Alors, je venge la douleur par une autre : l'ingurgitation par l'évacuation mécanique ou chimique. Tous les moyens sont bons. Et les plus efficaces ne sont pas les plus doux. Le vide retrouvé me soulage de moi-même. Le plein, comme le vide, appelle toujours le vide. Je me fais encore un peu plus mal, mais pour me faire du bien. Sans mesure, j'en appelle aux grands moyens qui me contorsionnent au-dessus de la porcelaine, me paralysent au fond de mon lit. L'estomac saccagé, les intestins ruinés par des substances bien trop puissantes et surdosées, l'œsophage et les dents dévorées par l'acidité, le visage tâché par une pluie de vaisseaux sanguins rompus sous la pression, les larmes coulent parfois. Que de nuits à promettre de ne plus me vider ainsi pour que les douleurs cessent. Tout comme je promettais à un hypothétique dieu que je mangerais correctement le lendemain s'il arrêtait les vertiges, la tachycardie qui me vrillait le cœur au plus fort de l'anorexie. J'ai rarement tenu mes serments nocturnes. Retour des privations, et parfois des excès quand le corps affamé me fait perdre la tête. Il est long de se défaire de l'anorexie.

La nourriture est une drogue admise, en vente libre, omniprésente. Elle déclenche l'addiction, que ce soit pour le vide qu'elle comble ou le vide qu'elle affirme. Absente ou présente, elle occupe l'esprit, le temps et prend la place d'autres douleurs. Malheureusement, si les autres produits addictifs ne sont pas physiologiquement indispensables à la vie, ce n'est pas le cas de la nourriture. L'obligation de se nourrir pour vivre oblige à une confrontation et à un réapprentissage permanents. Et en cela, elle est éreintante, accablante.

✳ ✳ ✳

Parfois, la sensation de tomber au ralenti, avec la raison de ceux qui savent nommer les étapes de la dégringolade sans pour autant réussir à bifurquer, me saisit. J'ai l'impression de hurler du silence et de réclamer de vitales futilités. Et de n'exister que par mes failles, de ne savoir brandir que mes côtes pour toute identité ou de n'avoir de valeur à mes yeux qu'à travers elles, d'être une femme qui n'advient pas, qui se murmure, qui pourrait être peut-être, mais qui ne sait être. Cependant, n'être considérée qu'à travers l'anorexie, et donc réduite à cela, me fait horreur. D'année en année, l'anorexie fait de moi quelque chose de trouble. Je ne me sens pas à la hauteur. De rien. De personne. Surtout pas de ceux qui me tendent les bras. Et toujours ce corps de trop.

Mes pensées sont un tourbillon de contradictions dignes de la schizophrénie. Je ne sais plus vraiment qui je suis. Je ne sais pas où l'anorexie cesse et où je commence. Où elle prend sa source et où je m'assèche. J'ignore ce qu'il restera de moi après elle. Certaines nuits me travaille l'idée qu'il est des combats à ne pas remporter, sous peine de ne plus avoir de raison de rester en vie. Il en est peut-être ainsi de cette maladie et moi. Mais quelquefois, je préférerais une guerre à découvert. À feu et à sang. Avancer fièrement dans la boue des terrains qu'il reste à (re)conquérir. Je préférerais que l'anorexie gagne ou perde, une fois pour toutes, mais qu'on en finisse. Je suis fatiguée des coups que je crois lui donner et qui me reviennent de plein fouet. Elle s'approprie tout, me rend encore malade de moi. Je titube toujours sous ses pas. Les jours gris, je ne ressemble à rien. À rien sans elle. À rien avec elle. Cependant, elle semble ignorer ce qu'elle veut de moi, comme l'inverse. Je n'en demeure pas moins son jouet. Un pas en avant, trois en arrière et mille morsures impalpables. Le sentiment de ne pas être d'ici m'empoigne encore. Je ne sais plus grand-chose, mais la sens de trop. Alors, je ne désarme pas, me bats tous les jours, m'implique auprès de mes amis, dans mon travail que j'adore, et espère trouver une sensation d'être vivante plus intense que celle éprouvée grâce à l'anorexie. Pour l'instant je reste fragile, proie facile. Mes prétendus talents ou qualités me semblent sans intérêt, communs. Ils ne me suffisent pas. Rien ne me dévie durablement de cette folie. La nostalgie de la fille courant des heures, le ventre vide depuis des jours et récoltant des 17 à ses dissertations de philo, me hante quelquefois. Ma mélancolie n'a rien à voir avec un désir de rechute. Seulement, cette fille-là me manque. Elle avait tort, mais elle était forte, conquérante, déterminée, fidèle à ses principes. Malheureusement elle me punissait cruellement pour des crimes que je n'ai pas commis. Revenir en arrière ne m'intéresse pas. Ce corps a suffisamment payé. Et moi aussi, je crois. Il a été le réceptacle de mes humeurs, de mes terreurs, de mes pertes de contrôle. Il a crevé de faim, s'est desséché, abîmé, étiolé, a constamment la chair de poule. Ma peau s'écaille, mes cheveux noircissent le sol, mes dents bougent. Mon visage a été défiguré par la pétéchie. Mes bras et mes jambes ont été lacérés à coups de lame de rasoir, ont été recousus dans un sordide hôpital, restent marqués de traînées blanches indélébiles. Mon corps a été érigé en fautif, source et siège d'une aliénation qu'il nourrit par le fait d'exister. Je suis fatiguée… J'essaie d'intégrer que supprimer l'anorexie n'effacera pas le meilleur en moi. Je dois pouvoir être autre chose qu'une anorexique, puisque je ne suis pas qu'une anorexique ! Les douleurs de la maladie ne mènent à rien. Quitte à souffrir, autant que cela soit dans un combat bénéfique…

Pour me reconstruire, peut-être me manque-t-il des parties de moi ? Celles désavouées et massacrées, sans cesse et sans pitié. Je n'ai su ni les remplacer ni les oublier. Il me semble que la clé réside dans la capacité à déplacer ma volonté et ma force sur un autre objet que le désir de maigrir, de contrôler. Il me semble parfois qu'il suffirait de presque rien, qu'une porte n'est plus si loin, qu'il y a eu d'indiscutables avancées, que mes tentatives ont produit du mouvement, des réussites, de la vie. Pas à pas, j'atteindrai peut-être la sortie… L'envie de vivre sans ce boulet pathologique me pousse à dépasser cette sombre partie de mon histoire et à profiter des bonheurs simples. Il me reste tant à réapprendre. Et j'ai toute une vie pour apprendre à être avec ce qu'il restera d'encombrant de l'anorexie et avec ce que je suis, pour me relever plus forte que je ne suis tombée.

J'en suis là, dans cette trouble lutte, armée, résolue et épuisée par la tyrannie.

De l'anorexie, j'aurais pu tirer une force. J'aurais dû. Peut-être est-ce trop tôt encore. Je garde l'espoir de franchir cette lignée d'arrivée et je souris en pensant à une phrase d'Audiard : *Bienheureux les fêlés, car ils laisseront passer la lumière.* J'alimente cette espérance qui use en même temps qu'elle garde en vie. J'ai une revanche à prendre, je crois. J'apprends à me battre contre la culpabilité qui me dévore. Je suis coupable d'avoir été anorexique. Coupable de vivre dans ce corps aujourd'hui trop imposant, trop visible. Coupable de ne plus être l'anorexique d'autrefois, forte et tenace, tout comme de ne pas savoir aller mieux. Coupable de m'en sortir peu à peu, aussi.

J'ai dans les yeux et dans le cœur des femmes qui croquent la vie après avoir été dévorées. Des preuves vivantes et heureuses de l'être, qu'après cet enfer une vie existe. Une véritable vie, pas une comédie. Des femmes dont les mots ne cachent pas de mensonges. Je ne les perds pas de vue depuis l'ombre qui me borde. L'équilibre est possible. Accessible, pour moi aussi peut-être. Elles en sont les modèles engageants. Alors j'essaie, encore et encore, avec le même acharnement que j'ai mis à m'effacer. Ne serait-ce que pour ne rien regretter. Je caresse l'idée d'un possible retour à la vie, même avec ces bagages-là, une idée en laquelle je crois fermement quand il s'agit des autres. Je tente de faire de ce corps *mon corps*, de faire de cette jeune femme plus seulement quelque chose à éliminer, mais quelqu'un. Quelqu'un d'appréciable dans toutes ses imperfections. Et de faire de ce quelqu'un, moi.

Je remercie ma mère, mon père et mon frère, qui n'ont jamais été très loin de moi, et ce, malgré les souffrances que je leur ai imposées. Sandrine P., Fabiola Picard, Amélie Nothomb et Jessica Scott-Nelson, qui ont cru en moi alors que je m'abîmais, m'ont offert une place dans leur vie, m'ont soutenue dans ce projet un peu fou, m'accompagnent malgré mes fuites et me rappellent par leur exemple que chacun a sa place ici-bas. Mes amies de calvaire et d'écriture, grâce à qui les mots ne sont pas toujours indispensables pour être entendue et consolée, grâce à qui tant de rires s'élèvent des terrasses de café. Merci à mes heures sombres qui m'ont appris à profiter des instants lumineux, des petits riens qui colorent le quotidien.

Aurore

> *« Je suis à deux voix.*
> *Elle me représente à moitié, elle est le départ et le sens de mon ambiguïté,*
> *elle vit en tant que Moi et contre-Moi, nous luttons intra-muros. […]*
> *Cette présence étrangère est logique, elle va avec la vérité*
> *voilée, elle répond à la surdité imposée. »*
>
> Nina Bouraoui, *Le bal des murènes.*

J'ai dit à ma psy que je vais mal depuis plusieurs mois, que je glisse doucement. Que je glisse. Avec mes secrets serrés contre la poitrine, tétanisée. Je ne peux pas encore lui dire pourquoi. Pas aujourd'hui. Je tangue sur les pavés menant à son immeuble. Je tangue, de ne pas savoir articuler des mots si simples. Sujet, verbe, complément. Le préambule de nos prochaines séances. Et je meurs de les remettre encore à plus tard. La peur anéantit le courage de soulever le revers écorché de ma vie. Des souvenirs fragmentés et putrides, extirpés de ma longue amnésie traumatique, peuplent mes nuits blanches. Je sens encore la morsure des larmes sur mes joues ; la tristesse et cette infinie douleur. Je ne compte plus les jours passés à chialer. Je ne sors pas, je ne vis pas. Je fais acte de présence, puis je m'éclipse, incapable d'ouvrir les yeux en pleine lumière. Elle a répondu « Hyperémotivité » en griffonnant des notes illisibles, les yeux penchés au-dessus de mon dossier. Elle regarde mes doigts que je tords, mes mains frictionnées à travers son bureau de verre, elle attend des réponses aux perches qu'elle me tend. Elle lance les paroles qui me feront réagir, essaie les mots qui lèveront le silence. Elle insiste, tourne autour du pot. Du regard, je tente une échappée dans l'horizon. J'affame ce corps sans compassion ni regret. Elle n'entre pas dans le jeu de l'anorexie. Elle lui accorde une importance moindre à mesure que les années filent. Le symptôme n'en reste pas moins intense, pourtant. Je me hais avec la même hargne quoi que la vie me dessine. Elle éteint la lumière et, comme dans une chambre noire, plonge mes flash-back dans deux bains d'acides. Que l'un révèle et l'autre fixe. Elle m'apprend à poser les mots sur tout ce que la maladie m'empêche de voir. L'origine de mes premiers traumatismes. La traduction de mes premiers renoncements. « Tu as un petit instinct de survie », lâche-t-elle. Tout m'écorche trop vivement. Je ne supporte plus grand-chose, je n'encaisse plus très bien. Peut-être qu'à force de tirer sur la corde on s'étiole plus qu'on ne le crie. C'est une vie mise en pièces. Une plaie qui ne se refermera pas. L'anorexie est une échappée belle. Elle met en sourdine les cris du monde et recouvre ma vie d'un voile épais. Imperméable, complètement. Elle détourne mon attention et celle de tous ceux qui me pointent du doigt. Avec le temps, l'anorexie se transforme, les angoisses évoluent et changent de camp. Un jour, elles se révèlent pour faire sens.

✷ ✷ ✷

Je ne voulais pas maigrir. Nuance. Je ne voulais pas manger. Une contradiction si vieille qu'elle s'est inscrite en moi comme une norme. Le refus. Et l'absence de gourmandises enfantines. Je boudais les biberons dans ma chaise haute, je repoussais mes petits pots, je piquais de grosses colères et ce n'était pas un caprice. Du plus loin où remonte ma mémoire me revient l'image des croix de papa sur la courbe de croissance de mon carnet de santé. Je me rappelle le rituel : moi sur la balance et le mètre qu'il déroule. Je me tenais bien droite, le dos collé à l'encadrement de la porte de ma chambre et trichais en me hissant sur la pointe des pieds, trop pressée de grandir. Je me souviens des petites croix qu'il dessinait à l'encre bleue, à cheval entre le trait qui indique la norme et celui qui marque le déficit pondéral. Une courbe presque inerte, qui grimpe doucement avec les années et s'écroule, grignote des points sur l'échelle de mon IMC, puis remonte un peu et retombe. J'entends encore le verbe résonner dans ma tête, que lui et maman conjuguaient à tous les temps. Manger. « Manger plus. » Et « Grossir pour grandir ». J'avais un appétit d'oiseau, je n'étais pas gourmande, à l'exception de quelques rares mets que j'avais pris en affection, le chocolat blanc, les corn flakes nature et la mie de pain. Les repas étaient interminables, je rendais à ma mère des assiettes à moitié pleines, les joues rougies par mes crises de larmes. Cela n'avait pourtant rien à voir avec l'anorexie mentale telle que je l'ai traversée. J'habitais mon corps comme jamais, je ne faisais qu'un. La séparation s'est engagée beaucoup plus tard.

À l'aune de ma préadolescence, mes parents, poussés à bout et inquiets de ma frêle allure, m'ont conduite en consultation chez le docteur B, dans le service d'endocrinologie de l'hôpital des enfants. Le diagnostic était tombé sèchement : j'encaissais un retard de croissance staturo-pondéral et je devais me remplumer. « Tu veux devenir une grande et jolie jeune fille ? » m'avait demandé le médecin. « Alors il va falloir manger. Tu verras, ce n'est pas difficile. » Je le voulais, plus que tout. Je suis ressortie de son cabinet avec un carnet alimentaire à remplir, une ordonnance et une pléiade de bonnes résolutions : accepter le poisson, la viande, les plats en sauce, le fromage, la compote, les yaourts avec des morceaux, les fruits aussi, les légumes crus et cuits, les pâtisseries, les condiments, ne pas jeter mon hamburger à cause du ketchup, mes frites à cause du sel, passer du menu enfant au menu adulte, m'intéresser aux pizzas pour le mélange des saveurs, arrêter de chipoter, de me remplir le ventre de mie de pain, ne plus pleurer à table pour faire céder mes parents, la liste était longue. J'ai appris à m'alimenter comme une fille de mon âge. Avec amusement et curiosité. J'étais très fière de prendre du poids. Je me souviens d'avoir dépassé la barre des 25 kg, puis rapidement 27,7 ; 28 ; 29,5 ; 30 ; 32,4… Une alimentation variée et tout à fait normale m'a permis de rattraper le retard. En à peine plus d'une année, les transformations étaient criantes. J'avais pris 50 % de mon poids de départ et presque autant en hauteur. J'étais devenue une adolescente à la vitesse de l'éclair.

J'avais onze ans lorsque mon père et ma mère se sont séparés, treize quand ils ont divorcé. Entre-temps, la nouvelle compagne de papa nous avait rejoints. Je ne l'ai pas vécu comme une déchirure. Ce divorce était certainement nécessaire pour eux ; j'en avais pleinement conscience. Je faisais la navette entre les deux maisons à intervalles irréguliers et à durée indéterminée.

Par chance, mes parents ne se sont jamais fait la guerre. Ma vie réduite à une peau de chagrin rentrait tout entière dans mon sac à dos. Ma mère perdait pied. Elle s'était exilée dans un HLM en lisière de cité, survivait sans travail, sans ressources et sans espoir. On s'enlisait dans la précarité, les fins de mois étaient difficiles. La dépression la rongeait, elle pleurait jour et nuit, additionnait les tentatives de suicide. Une blague cruelle qu'elle me faisait certains soirs. Je me souviens des pompiers dans le salon et des nuits passées seule, des lendemains à faire semblant d'avoir une vie sans à-coups. Elle s'en allait de longs mois, enfermée à l'abri dans une maison de repos et je retournais faner chez mon père.

Chez lui : pas de soucis d'argent, une jolie petite maison avec jardin entre banlieue et campagne, deux voitures, pas de chien. Le statut de famille recomposée nous donnait une pâle illusion de stabilité affective. La réalité était un peu plus sordide. Notre vie a radicalement changé. Pas pour le meilleur, le moins que nous aurions dû nous souhaiter. J'espérais que cette famille compose son nouveau visage, qu'elle se remembre après amputation forcée à l'amiable. Je n'avais pas d'*a priori*. Et plus que tout, je respectais l'amour de mon père pour cette femme qu'il avait choisie. Très loin des clichés de la vilaine fillette qui échafaude plan sur plan pour faire fuir sa belle-mère. Ce n'est pas dans mon caractère et je n'ai pas fait ma crise. On me dit pacifique, altruiste, pondérée. Responsable. Intelligente. Extrêmement sensible. Je ne portais en moi aucune once d'insolence, ne répondais jamais, je tendais l'autre joue, j'ai été terriblement bien éduquée. Mon père – qui n'est pas vantard pour deux sous – m'a soufflé, il y a peu, qu'avant ma transformation, on ne tarissait pas d'éloges à mon égard. Fillette blonde aux yeux bleus, souriante, bavarde mais discrète, douce, polie, agréable à vivre. Ma réputation s'est écornée le jour où j'ai été présentée à la mère de ma belle-mère. Je suis devenue après quelques jours d'observation l'enfant malingre qu'il fallait nourrir, puis la gamine mal dressée, fille de divorcés, dispersée, *une fille à problèmes.* Je ne me reconnaissais pas dans ce portrait. Personne qui me connaissait ne l'aurait pu. Elle et sa mère avaient eu le don de m'enfoncer dans le crâne l'idée que je me trompais lourdement sur moi. Je n'étais pas si aimable. Je n'étais pas conforme aux louanges que l'on m'avait adressées avant le divorce. Ces gens voulaient être gentils, ils ne le pensaient pas, ils ne me connaissaient pas. Il allait falloir faire des efforts. Et changer, surtout. Me rendre digne d'amour. Écouter ma belle-mère, obéir. Une autre angoisse est sortie de l'eau, parallèle et cruciale. Petite, je pensais être le pont qui reliait papa à maman. S'ils l'avaient rayé de leur carte en se séparant, qu'allait-il rester de moi ? Je ne me sentais pas investie d'une mission de sauvetage, je n'ai pas été l'enfant-ciment de leur mariage. Je ne me sentais pas responsable du divorce de mes parents, mais responsable de ma mère maintenant qu'elle était seule, plongée dans une crise qui a duré un nombre considérable d'années. Responsable et seule, à onze ans. Mais je n'avais pas vraiment la possibilité d'en parler chez papa. Sa femme n'aimait pas entendre parler de maman : elle avait posé ses valises et immédiatement serré la vis. Comme si j'avais été une enfant difficile, lourde de rancunes, dangereuse pour elle, pour son couple.

Elle n'avait pas confiance en moi. Elle vidait parfois les poches de mes manteaux. Elle les sortait à l'extérieur pour être sûre que je m'en aperçoive. Pour être sûre de me froisser. Comme une menace implicite, un chantage silencieux. Prends garde à ce que tu fais, dis et pense, je te surveille. J'avais onze ans et des secrets de petite fille. Elle fouillait dans ma chambre. À la recherche d'une preuve, d'une trace de n'importe quoi. Fière de ses découvertes, elle les posait sur mon bureau, bien en évidence. Mes journaux intimes, mes précieux petits carnets, mes feuilles volantes. Quand on se retrouvait à table (seul le repas nous réunissait, le reste du temps nous ne faisions que nous croiser dans le salon, dans le couloir), rien ne transparaissait sur son visage. Pas l'ombre d'un sentiment quelconque. Plus que neutre, je lui trouvais – souvent – un air inhumain. Elle se tenait bien droite dans ses pompes. Elle ne me regardait pas. Elle ne faisait aucune allusion à ses fouilles. Mon père n'en a jamais rien su. Pas de témoin, pas de preuve.

Nous nous regardions en chiens de faïence. Elle instaurait – peut-être malgré elle – un climat de méfiance en baladant son regard suspicieux sur tout et sur tous, toujours sur la défensive. Partout autour d'elle se dispersait une épaisse fumée d'amertume. Nous aurions dû faire connaissance, l'effort de s'apprendre l'une et l'autre au lieu de se dénigrer. Les années sont passées et nous n'avions toujours pas desserré les dents. Il aurait été mal venu de m'exprimer avec trop d'aisance. Le peu d'enthousiasme dont j'ai pu faire preuve en dix ans était solidement réprimé. Mes tentatives de lui dire un mot gentil, sincère, un simple merci, échouaient. Elle me lançait le regard de ceux qui n'en croient pas un traître mot. *Ne te fatigue pas.* Elle me refusait, se détournait et verrouillait toutes les portes sur mon passage. Je me souviens de son regard vide d'amour. De son cœur. Insensible, sec, dur, froid, cruel. La tension oscillait instable entre nos tempes. J'avais l'impression qu'elle me faisait payer le tribut d'être la fille de l'ex-épouse, de lui imposer l'ancienne vie de papa, le fardeau dont elle ne voulait pas. Ma mère l'agaçait, elle la méprisait, ironisait sur son état de santé, sur sa vie anéantie et son incapacité à s'en relever. Elle en parlait sans la connaître et semblait s'amuser de sa vie misérable. Ce n'était qu'un « cassos », une « assistée », aboyait-elle. Par ricochet, j'avais l'impression d'être une moins que rien, je tenais d'elle le sang vicié des cachetonnés. Une évidence : dans le meilleur des cas, je serai comme ma mère. Après avoir éliminé l'ex, il fallait me liquider, moi. *Tu n'aurais jamais dû naître.* Elle niait froidement mon existence. J'étais transparente. Avec le sentiment d'être effacée à l'usure, rejetée. Liées malgré nous et aveugles, bornées. Blessées. Je m'y suis écorchée vive. Je ne me sentais plus la bienvenue chez moi. J'avais perdu ma place sous le toit de mon père. J'y vivais comme une pensionnaire et veillais à polir ma discrétion. La peur d'éveiller les querelles merdiques dont j'étais le cœur était tenace. J'avais tort quoi que je dise et pense. J'en restais muette de dépit, muette, pour ne pas recevoir le revers de ses objections. Incapable de participer à la vie de famille, je me suis retirée dans l'indifférence de ma chambre. Et comme à tous les ados, ils ont osé me demander pourquoi. Je rêvais d'un lit en pensionnat. D'un lit ailleurs que sous ce toit, la cabane du jardin, le garage, n'importe où pourvu que j'y sois seule.

Elle a tout remis en cause. Emportée par une colère teintée d'aigreur, elle laissait éclater sa rancœur à huis clos. Certains soirs, contrainte et spectatrice – je ne prenais plus la parole pour éviter les brimades –, j'avais l'impression d'assister à un spectacle vivant. La cuisine était devenue le théâtre de ses frustrations. Elle savait où cogner. Elle méprisait mon père sur le ton de la plaisanterie en me prenant à partie, à témoin. « Ta vie de raté, ton petit salaire, ta petite baraque, ta vieille voiture ! » Et venait mon tour de claques : « Toi, oui, toi, tu es une erreur, l'échec de ton père, ta mère, il aurait mieux fait de se casser une jambe le jour où il l'a rencontrée. ». Elle éclatait de rire, à la confusion générale. J'ai dans mes journaux intimes des pages entières de ses monologues qui m'ont si longtemps ulcérée, j'en ai métabolisé le fiel. Quelques années avant que l'anorexie ne fraie son chemin entre eux et moi – je devais avoir quatorze ou quinze ans –, elle avait insisté auprès de mon père pour m'envoyer en consultation chez une psychiatre. Soi-disant pour résoudre ce problème de non-participation à la vie familiale, pourtant semblable à l'inertie (typique) de bon nombre d'adolescents. Elle m'avait annoncé leur décision sur un ton qui m'avait profondément dérangée. Les mots claquaient entre ses dents comme une menace, un ultimatum, ma dernière chance. Comme pour me punir du peu de cooperation dont je faisais preuve. Elle a posé sur mes épaules le fardeau de tous nos conflits, elle était incapable de se remettre en question. J'en ai porté l'entière responsabilité durant plus de dix ans et j'en meurs, aujourd'hui encore.

L'éducation que mes parents m'avaient donnée était à refaire, avait-elle décrété. La longue liste de ses doléances nous réunissait régulièrement autour de la table dans la cuisine, sa tête remplie des défauts que je me devais de corriger pour le bien-être de tous. Des choses anodines. Des allusions dont le sens m'échappe toujours. Jamais clairement nommées, toujours ambiguës, sous-entendues, contrairement à ce que l'on attendrait d'une remise des points sur les « i ». Papa se tenait à ses côtés, sans trop y croire. Le cul entre deux chaises. Il s'agissait de ménage, repassage, cuisine, jardinage. Elle, à qui l'on avait appris à marcher en faisant son lit, en passant le balai, ne comprenait pas qu'à mon âge je ne m'y plie pas avec autant de dévotion. Papa ne me poussait pas à agir en ce sens – ma chambre était toujours en ordre – et elle l'accusait de me soutenir. On se tenait tête, c'était à celle qui s'inclinerait la première. Je pliais toujours pour abréger le calvaire. Je n'avais aucune autre solution de repli. Avec le temps, on ne s'y habitue pas, on s'y casse les reins. Je savais à sa voix qu'elle allait me lancer des mots cinglants. J'étais sur le qui-vive. Dans le triangle que nous formions, chacun accusait l'autre de lui nuire, mais l'on ne savait jamais de quoi, ni comment. Je me sentais piégée. Les rares fois où je sortais de ma torpeur, une dispute éclatait. Elle disait ne pas comprendre, se faisait passer pour la victime. Son regard de virago se chargeait de haine. Elle finissait par se lever, pointait son index sur moi comme on accuse, comme on dénonce. Elle me menaçait de quitter papa. Il est arrivé qu'elle disparaisse un jour ou deux, le laissant sans nouvelles pour mieux le tenir, pour mieux m'asservir. Rien ne semblait pouvoir apaiser nos tensions et je me sentais coupable de tous les maux de la famille. Je me faisais oublier, j'avais si peur que mon père se retourne contre moi. J'ai fini par me détester. Si seulement je n'avais jamais existé... Elle ne voulait rien entendre, nous revenait plus intransigeante et plus rigide. En passant la porte, elle ne manquait pas de m'adresser d'un air féroce : *C'est la dernière fois.* Il m'était impossible de me défendre. Tout ce que j'entendais était tellement ahurissant. « Tu n'es rien à mes yeux, tu n'as pas la moindre qualité, rien qui m'encourage à t'apprécier. » Je n'ai pas su lever les yeux vers eux. Je me suis replongée dans le silence pour ne pas courir le risque de tout faire éclater. Réaction primaire, inconsciente, d'évitement. Je les regardais parler de moi sans se soucier de ce que je pouvais en penser, moi, de ma version de la vie. Mon histoire ne m'appartenait déjà plus. Elle s'est coincée – une boule lourde – dans la gorge. Une petite fille fait semblant d'être solide. Elle se dit que c'est ça, être grande. Se taire, encaisser. Elle était si extrême, je lui renvoyais mon silence comme un petit drapeau blanc, une amorce de cessez-le-feu. Lui répondre, même timidement, même dans son sens, c'était lui tendre le bâton pour taper plus fort. Je cherchais en moi les raisons de ses mots, le souvenir du mal que j'aurais pu lui faire sans l'avoir voulu. Envahie par le doute, je distribuais des pardons aphones à tour de bras. Des pardons qui ne trouvaient pas leur faute.

De moqueries en railleries, le sarcasme dans sa bouche a démoli l'adolescente qui n'a plus su comment grandir. Je n'étais rien. Réduite à un silence, à son méchant petit mépris. Elle aurait voulu piétiner mes pensées, me gouverner de l'intérieur. Les tentatives d'exister se sont essoufflées, j'ai ramassé mes échecs, mes doutes, les ai pesés et me suis soustraite au présent. Il n'y aura pas d'armistice. Elle m'écrasait avec l'art et la manière de blesser sans tuer. Pas de sang, pas de preuves, des témoins qui s'y habituent et tolèrent une fois l'effet de surprise envolé. Presque morte. J'avais l'impression qu'on brisait ma personnalité. Mon individualité mise à mal. Et mon identité aussi. Elle percevait les refus les plus simples comme une agression directe et volontaire, comme une provocation. Je n'avais pas le droit de m'affirmer et de dire non. Je ne me sentais pas encouragée dans le chemin du devenir, mais brimée. Dans mes choix, mes opinions. Dans mes projets de vie, les ébauches de ce futur toujours piétiné. Les décisions favorables me concernant étaient gardées secrètes entre mon père et moi, renforçant l'idée que mes demandes, mes attentes et désirs n'étaient pas légitimes au regard de sa compagne. En conspirant tous les deux, nous lui donnions raison. Je suis entrée dans l'adolescence et l'ai quittée avec ce sentiment-là.

Je pense qu'elle testait nos limites, dévorée par une irritation qui ne trouvait pas ses morsures. Papa ne la prenait pas toujours au sérieux, restait calme, passif. Un ventre mou qui absorbe, indolore. *Elle est comme ça, il ne faut pas écouter ce qu'elle te raconte*, il disait. *Ne fais pas attention.* Ce que la bienséance lui interdisait de me faire subir, elle avait l'air de le projeter sur mon père. Elle lui donnait des noms d'oiseaux. Avait des gestes brusques, loin d'être tendres lorsque j'étais dans les parages, comme si elle craignait d'être prise au dépourvu. Il arrivait à en rire et je n'ai jamais compris comment. Ces joutes verbales n'avaient lieu qu'en ma présence. Elle n'avait rien contre lui, elle ne visait que moi.

Je me haïssais profondément. Je m'accusais de ne jamais être à la hauteur de ce qu'ils attendaient. J'étais nulle et ratée. Tout ce que je m'appliquais à faire ne la satisfaisait jamais. De la manière de ranger ma chambre à celle de faire la vaisselle. Mes gâteaux n'étaient jamais assez bons, ça manquait de sucre ou il y en avait trop, la cuisson n'allait pas, le chocolat était mauvais ou elle n'avait pas faim. Si le gâteau était irréprochable, c'était la vaisselle qui n'était pas faite, pas essuyée, pas rangée. Je ne savais jamais sur quel pied danser. J'étais à l'affût d'une erreur commise, j'anticipais les remarques. On me trouvait ingrate, jamais contente et on insistait : je ne manquais de rien. « Tu as manqué d'affection ? » Ça claquait comme une menace, j'avais osé lever un voile, je n'aurais pas dû me le permettre. Nourrie logée blanchie. Je n'avais pas le droit de me plaindre. « Là, tu exagères ! Tu n'en fais qu'à ta tête, tu n'as qu'à moins t'écouter. » Si je n'étais pas heureuse, je n'avais qu'à retourner chez ma mère. Ils savaient que ce n'était pas toujours possible. Au lieu de regarder ma détresse dans le blanc des yeux, de reconnaître ma douleur et les discordances de cette famille gangrenée, elle me pointait du doigt et insistait : j'en étais la principale tare. Je voulais disparaître parce qu'à l'ombre de leur regard je ne me sentais plus apte à exister. Je voulais qu'ils me tirent d'un trait, m'effacent de leur vie. Je n'existais plus. Et pour eux, et pour moi. C'était comme une évidence qui s'installait insidieuse-ment, nouait la gorge, le ventre et me foutait en l'air. Je n'aurais jamais dû vivre. J'avançais seule et m'éloignais sans bruit. Ça germait dans mon ventre, mon absence les allégerait. Ma vie était de trop dans la leur, illégitime ou reprochée. Je n'y avais aucune place, elle était à conquérir. Je devais faire mes preuves pour espérer la plus petite considération. Je manquais de forces.

Je m'enfonçais dans une solitude imperméable. Mon mutisme, un sentiment de sécurité permanent et fiable, comme une vitre épaisse qui me séparait d'eux. L'amour ne se multiplie pas, il se divise. À défaut de partir je me suis faite la plus légère possible. Invisible, intouchable. Des années. Ça se compte en jours et ma mémoire a tout gardé. J'ai été transparente avant d'être anorexique. Je n'ai fait que matérialiser l'image que l'on me renvoyait de moi. Je ne voulais plus peser sur personne et sur rien, à commencer par la vie, n'avoir aucune incidence. Aucun poids.

✳ ✳ ✳

J'ai peu de souvenirs de la période ante-anorexique – elle recouvre tant d'années sous ses décombres. Ils ne sont remontés qu'au fil des lectures de mes journaux intimes, de ce qu'il reste de mes blogs. Je me suis éteinte à la fin de l'été 2003. Peu de temps avant la rentrée en seconde. La première semaine de cours et celles qui l'ont précédée avaient été particulièrement difficiles. J'essuyais mes premières crises d'angoisse. Des nausées, une violente envie de (me) vomir. Tout le temps, partout. Fiévreuse, le ventre noué, récalcitrant, la gorge serrée, le souffle court, coupé. Je m'enfermais chez mon père ou chez ma mère, ne trouvant nulle part le courage d'affronter le lycée. Les nouveaux amis à se faire, les sourires à forcer et la peur d'être mise à l'écart, rejetée, prise à partie et abattue, humiliée, comme à la maison. Je ne me sentais pas à la hauteur des exigences scolaires, à force d'avoir entendu dire que je n'y arriverai jamais. Ma belle-mère et sa mère conseillaient à mon père, en lui en imposant le devoir, de me réorienter sans me laisser la moindre chance de faire mes preuves. Selon elles, je les avais toutes écumées. Elles insistaient pour que j'intègre une filière professionnelle au plus vite. Parce qu'elles méprisaient les études supérieures et se souciaient peu de mes envies, de mes besoins. Par petites touches destabilisantes et répétées, elles me donnaient l'impression que je commettais erreur sur erreur et que je n'étais pas capable de faire le moindre choix. Papa ne les avait pas écoutées, ma vie ne pouvait tenir qu'entre mes mains. Son effronterie nous avait valu des années de discussions vives lors de nos fréquents repas en famille et autres week-ends à la campagne. Je n'étais absolument pas prête à me lancer dans la vie, j'avais besoin de temps et l'on me malmenait. Il n'y aurait aucune trêve à tout leur cirque. J'aurais préféré sauter du train en marche.

J'ai passé le plus clair de mon temps à croire qu'effectivement, je n'étais à ma place nulle part. Pas plus au lycée, dans l'enseignement général, que chez mon père. Rien ne tenait debout. Ma présence me semblait n'être qu'une imposture. Cela avait contribué à faire de mon affect en friche le terrain propice à l'apparition de la maladie. Je me suis retirée dans une solitude opaque, restais en marge des élèves, des membres de cette famille. Je parlais peu, ne riais plus. Je me suis soustraite, effacée, au-dedans comme au-dehors. Entourée de silences, j'ai dressé des murs – mon périmètre de sécurité – pour tenir le monde à distance. Je suis remontée sur la balance et leur ai rendu mes couverts. Si j'étais coupée en deux chez mon père et engluée dans le délire psychorigide de sa femme, j'avais aussi de très forts désirs d'envol. Je rêvais de m'enfuir à l'étranger pour rencontrer des gens sains d'esprit et heureux. Des gens qui ne lui ressembleraient pas. J'avais soif de l'autre, de cultures, soif de vies, d'histoires, de connaissances. Je ponctuais mes passages chez papa par de longues pauses chez maman. Le temps d'une rémission fugace. Deux semaines ou deux mois. J'y restais seule quelques jours en laissant croire à mon père qu'elle était toujours avec moi. Je mentais par omission pour pouvoir enfin m'occuper de moi. Je sautais des repas, je me sentais légère. Libérée. J'étais prête à tout pour que ces instants fragiles restent intacts. Je gagnais mon autonomie, ma chère indépendance. Dans le secret de ma chambre je me suis forgé un monde à mon image. J'ai innervé mes nuits de lectures, je noircissais mes petits carnets d'anecdotes, de pensées, de petits dessins. Je regardais des films sans m'inquiéter de l'heure du jour et de la nuit ; du cinéma d'auteur, des classiques français, du muet. J'avais besoin de vivre, d'ouvrir en grand mes yeux. De me réapproprier le monde, le temps. Rendre son sens à ma vie.

J'étais transie de peur à la seule idée de vomir, je somatisais mon angoisse par des nausées, des spasmes. Une boule entre la gorge et l'estomac qui se balade, qui tourne, frappe. Quand la peur gagne, la nausée monte d'un cran. Elle troublait mes pensées, m'emportait loin. Je cherchais de l'air, j'étouffais, j'avais des difficultés à parler, des palpitations, ma gorge était très sèche. J'avalais des pansements gastriques comme des petits bonbons, me procurais sur ordonnance des boîtes de Primperan, Voga-lène, Dompéridone. Mon estomac s'est resserré. Je tombais dans les pommes et paniquais la fourchette à la main, je passais mes nuits à pleurer. Je ne mangeais presque rien, je faisais semblant. Je n'avais pas encore dix-sept ans, mes cheveux étaient auburn irisés miel. Je me souviens de Barcelone, ma première échappée. Un voyage scolaire inoubliable au cours duquel je n'ai rien avalé. Avec le corps la peur s'envolait. J'ai rapidement perdu mes premiers kilos. J'étais fine, je flottais dans mes pantalons, j'étais légère. C'est une forte curiosité piquée d'orgueil et d'une pointe d'euphorie qui m'avait poussée à monter sur la balance. L'anorexie a débuté au palier référentiel de quarante-cinq kilos. Passé cette barrière, je vire-voltais devant le miroir, me contorsionnais pour examiner mes côtes, mes clavicules, mes épaules et l'os iliaque. Je jubilais de la force avec laquelle je pouvais redessiner mes cuisses, et tout l'espoir que je portais de voir disparaître mes fesses, trop fémi-nines, trop attirantes. J'ai acheté une paire de poids pour les chevilles que je portais en permanence, un stepper bleu de Chine, un cardiofréquencemètre. Il n'était jamais question de régime. Je ne courais pas après un idéal de beauté, un rêve narcissique, ni les compliments des filles du lycée ou un maillot de bain. Je m'attaquais directement à la chair pour atteindre les os. Il n'y avait pas de demi-mesure, je me voulais vierge de tout et presque morte. Intouchable, inviolable, étran-gère en ce monde. Inoubliable. Je voulais que l'on me regarde comme celle qui vous glisse entre les doigts. Éphémère. Fragile et trop près du vide. Celle dont on ne savait jamais si on la reverrait un jour. L'anorexie était là. Dans le fond de mes pensées, dans le repli de mes mots. Teintés d'une haine viscé-rale de moi et d'une volonté tenace. Je disais le dégoût que j'avais de manger et l'emprise de la faim, le ventre vide et les malaises comme une came, mon oxygène. Je l'ai sentie prendre mon relais. Parler pour moi, se greffer à mes pensées. Je me regardais partir sans vouloir me retenir.

✳ ✳ ✳

Après ça, tout s'est déchiré, je suis partie en lambeaux. Plus rien ne tenait debout, la vie s'est enfuie et je ne sais où j'ai trouvé le courage de ne pas plonger dans l'absolu du non-retour. Il faut vous dire que l'anorexie me tient debout et en vie, elle m'anime, paradoxalement. Elle le susurre, sournoise, c'est pour mon bien, maigre je ne pleurerai plus, maigre je briserai le carcan de la vie. C'est ma colonne vertébrale, elle me fabrique, me réinvente. C'est l'identité dont on me prive, les mots que l'on m'arrache de la bouche, les silences imposés. La chute est infinie, vertigineuse, je suis irrattrapable. Anorexique, je suis anorexique.

Je ne pensais à rien d'autre, je n'étais plus personne. J'avais tellement changé, et celle que j'étais avant m'était si peu convenable que je n'aurais reculé devant personne. Le diagnostic est tombé de la bouche d'un médecin : anorexie mentale. J'ai nié tout ce que j'ai pu. Lorsqu'il m'a demandé si je me faisais vomir, je lui ai répondu non et j'ai fondu en larmes. Rassuré, il a dit : « Bon, ce n'est pas trop grave, alors. » On ne parle pas comme ça avec une anorexique. Chaque mot est réinterprété pour servir la maladie et asseoir son pouvoir. Par « ce n'est pas trop grave », j'ai entendu « tu n'es pas encore assez maigre pour que ton cas nous préoccupe ». Je ne suis pas assez maigre.

Je ne suis pas maigre. Je suis grosse. Encore trop grosse. J'ai retourné ses mots pour les mettre à mon avantage, un prétexte pour aller plus loin, beaucoup plus loin.

Une douleur indicible s'était logée dans mon crâne. Je n'ai trouvé aucune ficelle à tirer pour formuler ce que je ne pouvais accepter. Il m'a fallu plus de six années pour enfin poser les mots sur les événements de ma vie que ma mémoire avait consciencieusement mis de côté. Pour les ressortir plus tard, lorsque je serais prête. Mon anorexie, ma soupape de sécurité, mon issue de secours. Plus de six années pour enfin accepter l'idée qu'entre toutes les réalités de ma vie, entre ma crise identitaire et mon désir d'autonomie, je refusais aussi de grandir. L'anorexie m'a donné le pouvoir d'arrêter la nature, le temps et de me choisir. Je m'effaçais pour me protéger – inconsciemment – en m'enlaidissant. Je me taillais un corps androgyne pour échapper au désir de l'autre, à l'envie, aux plaisirs de la chair que je percevais comme malsains, pervers.

J'ai aussi eu affaire à un parent proche de la famille. J'ai dû supporter tout au long de mon adolescence les regards équivoques d'un homme caméléon que la virilité n'avait jamais croisé, parodiant son genre selon ses interlocuteurs : les bras croisés bombant le torse face aux hommes, la main posée sur la hanche droite, en équilibre sur la fesse gauche avec les femmes, il gloussait parfois. Il se permettait la proximité et la complicité des femmes entre elles. Il était puéril, stupide et potentiellement violent, transgressant volontiers la hiérarchie qui distingue les générations. Les petites filles qu'il faisait voler dans ses bras ne rigolaient jamais, elles restaient inexpressives et s'en allaient en courant dès que leurs pieds touchaient terre. Il y avait quelque chose d'embarrassant dans son attitude, quelque chose d'inquiétant. Je fuyais son regard, alors qu'il me fixait constamment. Il était faux, peu digne de confiance, encore moins d'intérêt. Les allusions sexuelles l'amusaient d'une drôle de manière et je trouvais bon nombre de ses réactions immatures. Il me révulsait. Il posait sur mon corps prépubère des yeux d'animal en rut et se laissait aller à des attouchements fortuits le long de mes cuisses, rasant les ourlets de mes shorts, caressant mes cheveux à l'arrière de la bagnole et parfois à table en plein repas. Jusqu'au jour où il est entré dans ma chambre, en me plaquant brutalement sur le lit il sifflait entre ses dents une comptine et « Je vais te violer ».

J'ai corrigé le tir, abattu la fatalité en plein vol. J'ai crucifié ma douleur et occulté les pans glauques de ma vie. Caressé le chapelet de mes journées de pénitence, égrené au fil jubilatoire de mes longues séances de jeûne. Le ventre vide, le corps nettoyé. Privé de nourriture, d'eau et de sommeil. En faisant mourir le corps, j'ai eu le sentiment d'avoir évacué la part salie, touchée, violée. Une virginité retrouvée. J'ai embrassé la perfection, échappé à la mélancolie, à une indifférence de la vie sans pareille. Un mal de vivre à ne plus pouvoir respirer. Je me faisais mal pour oublier la blessure d'être. Je retrouvais mon identité dans une lutte acharnée contre moi. À la fois tortionnaire et martyr. De l'esprit sur le corps. Contre celle que l'on me reprochait d'être et que j'ai fini par prendre en horreur, ne sachant plus comment porter sur la conscience la faute d'exister. Je me suis adossée contre le mur de mon anorexie, le seul élément solide, stable, constant de ma vie. Je n'avais pas d'objectifs, je sautais seulement les paliers. Chaque nouveau chiffre sur l'écran digital de ma balance balayait le précédent. Quarante-deux, quarante, trente-huit, trente-cinq. Cette perte de poids me paraissait immuable et mon anorexie si violente que la seule notion de guérison était totalement absente de mon esprit. Comme une prière, je récitais dans ma tête le leitmotiv de ma colère. *Je ne prendrai plus jamais le moindre gramme. Jamais.* Et ce *jamais* était pour moi définitif. Je caressais l'espoir de descendre toujours plus bas. Trente, vingt-huit, vingt-cinq, vingt-trois.

✳ ✳ ✳

J'ai perdu la raison un matin de juillet. Entre les murs de la chambre 444, individuelle, exposée plein sud. De la clinique Saint-Nicolas, du service de chirurgie maxillo-faciale. Une opération lourde du maxillaire pour clore mes années d'appareillage dentaire. Je m'y suis saccagée, je m'y suis tuée méticuleusement. Mes mâchoires corsetées l'une à l'autre par des fils de contention empêchaient toute intrusion alimentaire. J'ai déposé les armes au pied de mon lit de convalescente. Les circonstances justifiaient mes refus, j'en ai joué durant plus d'un mois. J'ai joué avec la mort. Je maîtrisais mon corps, j'avais terrassé la faim, mes besoins. J'avais achevé ma croissance à dix-huit ans et je n'avais plus rien à perdre.

Je n'ai plus quitté ma chambre avec vue sur ville. Pendant trois jours, je suis restée immobile, le regard posé sur le vide, les barres du lit comme une seconde cage, remontées jusqu'aux

189

bras pour m'empêcher de tomber. J'ai regardé ce corps indifférent à la douleur, aux manques. Je n'avais plus de force pour me lever, marcher, parler. Je respirais, encore. Un filet d'air et parfois je m'arrêtais, pas longtemps, mais j'arrêtais. Je ne me donnais que quelques semaines à vivre. Le plus petit mouvement m'épuisait. On ne peut pas se détruire comme je le faisais sans conséquences. Cette vie m'étranglait. J'étais au bord du lit, comme sur un bord de falaise, et sous mes pieds le vide me tirait vers le bas. C'était l'été.

Je ne pouvais plus dormir. La nuit descendait, je ne m'en détournais que lorsqu'elle était devenue totalement noire. Le long néon crachait sa lumière jaunâtre au-dessus de ma tête. Je ne l'éteignais pas. Pendant plus de 72 heures, je n'ai pas dormi, j'en tremblais de fatigue mais je luttais. Pour accélérer l'amaigrissement par l'épuisement des réserves, de toutes les réserves sans aucun compromis. J'imposais clairement et volontairement un état de stress à tout mon organisme, de manière prolongée, ne baissant la garde que par obligation.

Je veillais, chancelante, je ne tenais pas longtemps assise, les soignants le savaient. Ils s'agaçaient devant mon air buté, l'infirmière gueulait « elle n'a rien mangé » en sortant de la chambre. J'avais une excuse recevable : mon nez était rempli de caillots de sang, mon palais et l'intérieur de mes joues étaient si gonflés qu'ils empêchaient le passage de la sonde. Des voix se soulevaient, je ne savais pas ce qu'elles disaient et je m'en moquais. Quand la chef entrait dans la chambre avec mon dossier, elle cherchait une solution pour me réalimenter. Je la regardais par politesse mais sa voix foutait le camp par les arrivées d'oxygène, les conduits d'aération et la fenêtre. J'écoutais docilement, lui donnais raison pour la faire taire et la suppliais en silence de repartir le plus vite possible.

La nourriture, la vie… Cette vie qu'ils me forçaient à subir… J'étais en tête-à-tête avec la mort et tout cela ne me concernait plus.

Pour avoir la paix je leur mentais. Je vidais le lait dans l'évier, jetais la soupe dans les toilettes, cachais les tartines dans ma valise. Je nourrissais les oiseaux, balançais le pain par la fenêtre quand j'arrivais à me lever. J'avais repéré un container à ordures quatre étages plus bas. Soulever le loquet m'arrachait quelques palpitations et lever la tête provoquait des vertiges parfois violents. Je nourrissais ma mère quand elle venait me voir. C'est elle qui avalait pour moi la soupe blanche, les purées, le beurre, le pain. Je lui demandais de venir aux heures des repas. Je lui mentais en lui disant que j'aimais mieux ne pas être seule. Je ne supportais plus de manger devant les gens. Je n'assumais plus les regards qui allaient de mon assiette à ma fourchette puis à mes lèvres et à ma gorge. Manger, c'était presque sexuel. C'était impudique et sale. J'avais honte. Je me cachais derrière mes longs cheveux. L'angoisse montait et me soulevait le cœur et le corps à chaque bouchée avalée, forcée, enfoncée dans ma gorge comme un poing. C'était le silence qui pesait, les regards, des coups d'œil maladroits, leur méfiance, la curiosité de ceux qui ne savaient pas et qui me jugeaient à l'emporte-pièce. Le crissement des couverts dans les assiettes me griffait les tympans, les entendre mastiquer me débectait, je ne comprenais plus le plaisir qu'ils prenaient à avaler toute cette bouffe insipide. Je les observais, ils étaient bien portants, ils me dégoûtaient, je les trouvais sales eux aussi, et grossiers.

Au quatrième jour passé dans cette clinique, j'ai décidé de prendre une douche. La première. Je me contentais de l'évier et de l'aide de l'infirmière depuis que j'étais arrivée. Juste pour le réconfort de sa présence derrière la porte entrebâillée. Je ne pouvais pas rester debout longtemps. Je me suis tenue au plan de travail qui longeait le mur à l'angle, à la porte des sanitaires et à l'évier. Avec les deux mains je m'y suis agrippée, mes bras et mes jambes ne me supportaient plus. J'ai eu peur de m'évanouir et que personne ne soit là pour me relever, m'aider à reprendre mon souffle, atténuer la fièvre et l'angoisse qui montaient. J'ai posé les pieds au sol, me suis redressée avec la plus grande précaution et j'ai traîné avec moi la potence, ma béquille pour ma première sortie hors de la chambre. J'ai traversé le large couloir blanc, suis passée devant le bureau des infirmières et le petit salon avec les magazines. *Elle* et *Marie-Claire* m'ont sauté au visage avec les photos de ces filles aux joues creusées, aux corps émaciés et aguicheurs. La tentation ironique d'aller plus loin, de creuser avec les ongles la peau et voir ce qu'il se trame en dessous m'a saisie. Premier sourire. Anorexique. Le sourire du défi que je me lance, et ce corps de « presque morte » que je leur crache au visage.

Je suis entrée dans le bureau des infirmières pour qu'elles retirent les perfusions. J'ai avancé en rasant le mur pour me faire un semblant d'équilibre et traversé le couloir en tremblant. Lever une jambe, poser le pied, lever l'autre jambe et marcher sans autre sensation que le cœur qui s'affole en arythmie cardiaque. Je suis entrée dans la douche, j'ai tiré le rideau sans trop relever la nuque. Le sang circulait mal, les murs valsaient autour de moi. J'ai peiné à lever le bras pour tourner le bouton d'eau chaude. Du corps anesthésié par les carences et la fatigue, je ne sentais que le cathéter se balader sur le revers de ma main. J'ai fait vite, mes mains ne semblaient plus rien toucher, comme si les liaisons nerveuses étaient rompues. Il n'y avait qu'un corps étranger sous mes mains et je ne sentais pas l'eau couler sur ma peau ni sa chaleur. Je ne sentais plus que mes paumes et mes doigts gelés qui parcouraient la surface lisse et anguleuse, les bosses et les creux, la chair rentrée, aspirée entre les os, et en dessous les muscles qui se dérobaient.

J'ai pensé à mes os. Aux bleus qui coloraient ma peau laiteuse, les bleus partout, sous les fesses les os meurtris, les avant-bras quand je m'accoudais à mon bureau, les omoplates, les tibias, des chocs aux coins de toutes les tables, de tous les meubles, les chaises sur lesquelles je m'asseyais, mon sac à main, la peau brûlée par la hanse, le poids des livres qui a ecchymosé mon dos, l'épine dorsale qui ressortait jusqu'au crâne et que je cachais sous mes cheveux longs et détachés. Et les articulations gonflées au niveau des chevilles, malmenées par mes heures de marche. Les vertiges se sont intensifiés, le moindre mouvement m'arrachait des efforts musculaires épuisés, comme si tout mon corps ne luttait plus que pour faire battre mon cœur et les organes vitaux, désertant les muscles, les membres. Je me suis laissée glisser contre le mur, recroquevillée, j'ai serré mes genoux contre mon torse et dans mes bras. Je n'ai pas pleuré. L'eau sur mon visage m'a ramenée à l'amertume de ce constat :

j'étais écroulée là, la vue brouillée par les vapeurs qui peinaient à me réchauffer, allongée à même le sol de cette clinique qui ne savait pas que j'étais en train de me laisser crever de faim. J'étais malade, anorexique, et le mot « mentale » venait se greffer à la maladie comme une seconde peau. J'avais tué le peu de vie qu'il me restait avant d'entrer ici.

Passé les cinq premiers jours de jeûne, le corps a cessé d'envoyer les signaux de détresse. J'ai eu des hallucinations visuelles et suis devenue sensible au bruit. Je n'ai plus eu de vertiges, je n'ai plus eu ni faim ni soif, mon cœur battait irrégulièrement. J'ai eu des difficultés à respirer, un effort musculaire dont je prenais acte. Ma voix ne tenait plus qu'à un fil et parler m'essoufflait un peu. Si je me levais, je tombais. Je mettais un temps infini avant d'avoir posé les deux pieds au sol, je faisais trois pas et mon pouls s'emballait, devant mes yeux tombait un voile blanc piqueté de noir, je sentais des bourdonnements entre mes tempes et tout mon sang me quitter. J'avais chaud, envie de vomir, des sueurs froides ; des millions de fourmis sous la peau remontaient dans les membres, me grignotaient la chair. Ma vue se troublait, tout se scindait en deux, se disloquait, se diffractait. Je me laissais tomber sur le fauteuil en face du lit, lourde et blême. Je n'avais pas la force de me redresser pour décoller mon dos du siège, encore moins de rejoindre le lit. Un infirmier entrait chaque jour, pour changer la poche de glucose. Je voudrais arracher la perfusion. Je disais que je n'en avais pas besoin et insistais : « ça va ».

Je refusais l'eau. Ils ont alors prévu une deuxième poche pour m'hydrater. Je la craignais autant que la nourriture. C'est une panique qui venait du ventre, me brutalisait et s'emparait de mon cerveau. Je ne croyais qu'en cette faim qui me stimulait quand elle m'étranglait, impatiente. J'attendais la fin.

Je n'allais pas m'en relever toute seule. Mais je refusais de tomber et de les laisser me dire « vous êtes malade, mademoiselle, voyez comme on vous porte à bout de bras, voyez comme vous ne pesez plus rien sur nos épaules, regardez comme vous vous êtes mise en pièces ». Leur laisser cette chance aurait été comme me tendre un miroir et me forcer à regarder l'étendue du désastre. Je n'étais pas prête, j'avais besoin de me détruire complètement pour me reconstruire. Mon reflet se troublerait immanquablement et je n'y verrais toujours que cette fille blonde aux yeux gris-bleu, le teint pâle et les traits arrondis. Je me voulais squelette. Porter la mort sur mon visage comme une insulte. Je devais continuer car ne plus perdre de poids m'était devenu pénible. Invivable. J'aurais préféré mourir plutôt que de cesser de leur hurler mon calvaire.

Dans cette chambre, j'avais perdu conscience du temps qui passe, je ne pensais à rien d'autre qu'à ma folie. Le point de non-retour n'était plus très loin. Toutes mes obsessions se cristallisaient autour du corps qui disparaissait et doucement s'enfonçait, renonçait. Je m'enfermais dans mes obsessions, plus rien n'avait d'emprise sur moi. Seule l'inquiétude de mon père me blessait, son regard me dévastait à chaque fois qu'il venait me voir. Pour justifier les larmes je lui mentais en inventant n'importe quel prétexte, lui disant que je n'en pouvais plus de rester enfermée ici. C'est une bonne excuse, l'ennui, le temps affreusement long et personne à qui parler. En réalité les heures ne voulaient plus rien dire. Je regardais les ombres que projetait le soleil déclinant avancer sur moi jusqu'à me recouvrir totalement. Pour retenir un peu le temps, je m'accrochais à des détails, l'ombre du store à l'angle du mur qui s'étalait à l'oblique, l'eau dans la carafe, stagnante depuis sept jours et qui fermentait, les questions lancinantes qui me traversaient l'esprit, les plateaux-repas que j'ignorais, les mensonges qui sortaient de ma bouche sans effort et qui consistaient à dire l'inverse de ce que je pensais.

Une semaine plus tard, c'est papa qui est venu me chercher pour rentrer à la maison. Avec ma mère ils avaient convenu que je resterais chez lui le temps de me remplumer. Ils appréhendaient mon retour et cette anorexique contre laquelle ils allaient devoir batailler. J'étais à bout de force, je ne sais pas comment j'ai fait pour sortir de la chambre, prendre l'ascenseur descendre du quatrième étage et sortir de l'hôpital. Je ne me souviens de rien. La voiture était stationnée à l'entrée. C'est mon père qui m'a ouvert la porte et qui l'a refermée derrière moi. Il a chargé mon sac dans le coffre et s'est installé côté conducteur. Il a bouclé sa ceinture, tourné la clef et nous sommes partis.

Après un arrêt de quelques minutes, j'ai vu papa apparaître à l'angle de la pharmacie avec des compléments alimentaires plein les bras. Des bouteilles de 300 millilitres de Renutryl et autres boissons lactées hypercaloriques à la vanille, au café, au chocolat. Sur l'étiquette de l'une d'elles, un bol désinvolte rempli à la renverse se mesure à moi, abondant et généreux il me fixe, me défigure et me griffe. Il annonce un combat sans compromis, des angoisses morbides et nuits blanches et froides. Je vais devoir avaler tout ça. Je le sais. Je suis allée trop loin pour que l'on me croie capable de faire machine arrière. Ils me surveillent. Me pèsent du regard et me surestiment. « Elle doit peser à peine plus de 35 kilos ! »

Lorsque nous sommes arrivés à la maison, j'ai laissé papa décharger mes affaires. Dans un regain d'énergie, j'ai poussé la porte d'entrée et me suis précipitée vers la salle de bains. Je suis montée sur ma balance sans me déshabiller. 38 kilos. Je me suis longtemps regardée dans le miroir et, après les quelques secondes de satisfaction, l'intransigeance me griffait l'échine, j'étais convaincue de devoir en perdre deux de plus. Mon jean tournait autour de ma taille, je devais le tenir par les passants de la ceinture pour qu'il ne tombe pas sur mes genoux. De mon reflet, rien ne m'a choquée ; seulement le gras. J'ai baissé mes yeux sur les bras, le ventre, les cuisses, scrutant la moindre parcelle de peau, le squelette en relief et la graisse qui insistait par endroits. Je ne me trouvais pas assez maigre. Les os saillant sous la peau, mes veines si fines, mon teint cireux, cadavérique, les douleurs dans les muscles et les évanouissements ne faisaient qu'exacerber mon euphorie. J'avais perdu le contrôle, je ne maîtrisais plus mon anorexie, j'étais devenue son jouet. Je ne pouvais plus manger. J'aurais pu mourir sur-le-champ. Je ne savais plus comment on faisait… Comment tenir une fourchette, toujours trop lourde, et la porter à mes lèvres, comme on lâche prise et comme on renonce ? Déglutir s'imposait à moi comme un choix capital. J'avais trop peur de me nourrir.

J'avais trop peur de reculer devant le vide, de revenir sur la lande où la vie avait été si indigeste.

Papa ne me faisait plus confiance. J'avais l'air d'un animal apeuré. J'avais plus que jamais besoin d'amour. De preuves d'amour. J'étais en colère contre mon père qui ne faisait rien pour changer la situation ; contre ma belle-mère qui semblait s'y complaire. Parce que c'est toujours moi qui en souffre, aujourd'hui encore. Je n'en parlais plus à papa. Ses tentatives échouaient une à une, nous avions déjà fait le tour de la question. Les mots perdent leur sens à force d'avoir été inlassablement répétés. Alors d'un bout à l'autre de la chandelle je me calcinais, jusqu'à l'usure. J'avais fini par prendre goût aux ravages de la destruction de soi. Et ne supportais plus le moindre aliment, le moindre liquide. Ils me surveillaient. Je le faisais debout. Manger. Je les regardais ouvrir les flacons de Renutryl avec insolence et me les visser dans la main. Ils attendaient debout, eux aussi, les bras croisés, et me regardaient vider le contenu jusqu'à la dernière goutte. Avaler. Sangloter. Crever debout, noyée, étouffée, gavée. Suffocante, inondée, pliée en deux. Je faisais des crises d'angoisse auxquelles ils ne comprenaient rien. Jamais. Des crises de colère et de larmes, des cris, des insultes rentrées. Parce que jusque-là tout était caché dans une bouteille ou pris au piège dans un berlingot. Ne pas voir la nourriture qui me remplissait l'estomac – à l'en faire craquer – me rassurait un peu. J'étais prête à tout et capable du pire. J'étais une grenade dégoupillée que l'on tient avec la peur au fond du bide qu'elle vous explose dans la main. J'ai dû ruser pour m'en sortir. Me couvrir de mensonges et d'esquives, vider une partie du Renutryl dans l'évier et l'allonger avec de l'eau. Avaler. Une fois sur deux je faisais semblant. Debout au-dessus de l'évier dans la cuisine, après qu'ils ont quitté la table et fait disparaître les traces de leur repas, je versais dans une passoire minuscule de la soupe de légumes. Avec le dos de ma petite cuillère – toujours la même – je remuais le liquide épais et laissais couler l'eau où se mélangeait la pulpe verte et brune dans une tasse à café. J'attendais qu'ils aient quitté la cuisine pour la diluer un peu plus jusqu'à lui donner la transparence de l'eau. Je buvais ça la gorge nouée, sur le point de chialer, le regard plongé dans la piscine avec une forte envie de m'y jeter. Provoquer la noyade.

Plusieurs mois ont passé ainsi, durant lesquels je n'ai pas bougé d'un millimètre, rassurée par la fixité absolue des choses. Mes parents ont tenté pour moi les avancées dont je n'étais pas capable, ils ne cherchaient qu'à me redonner vie. Mais c'était comme un espoir de retrouver des rescapés dans un champ de bataille. Ils pouvaient bien me tourner autour comme une bête blessée, j'avais déguerpi depuis longtemps et j'étais seule au centre de mon *no man's land*. Un matin ils ont vidé une bouteille hypercalorique à la vanille dans un grand bol et me l'ont mis sous le nez, j'ai senti la panique me soulever le corps et emporter ma gorge comme une nausée, je tremblais, sanglo-tais, gueulais tout ce que je pouvais, la colère dans les mains dans les bras dans la voix dans les yeux, j'aurais voulu mourir sur-le-champ, attraper le couteau devant moi, l'enfoncer dans la chair et arracher les veines, les faire pisser trois bons quarts d'heure, transpercer, écraser mes poignets sous une brique, broyer les os couper les tendons. Ne plus avoir ces mains qui me nourrissaient contre mon gré.

***

Mon état était loin de s'améliorer et papa ne savait plus que faire de moi. Il a tenté tout ce qu'il pouvait pour me faire réagir. Il a tendu des miroirs que j'ai brisés entre mes mains. Rien n'aurait pu me faire prendre conscience de la douleur que je lui infligeais. Il m'a mise au défi de courir avec lui pour me mettre face à ma réalité. J'en étais incapable. Je déployais déjà tant d'énergie à le suivre, à marcher, simplement. Il disait ma laideur, l'horreur de me voir comme ça, et la mélancolie mêlée à la peur qu'il croisait dans mon regard. C'était l'hiver en plein été et je tremblais de tout mon corps, j'étais crispée, carencée jusqu'au bout des ongles. Je ne percevais plus la fatigue, j'étais capable de rester debout toute la nuit, j'étais insomniaque et en transe. Je me faisais l'impression d'être un animal traqué par la faim, tout mon corps tendu et irritable déployait sa maigre énergie pour trouver de quoi manger. J'étais obsédée par la nourriture, en réalité. Je refusais de me l'avouer et d'y céder. J'arrivais à me convaincre que je n'aurais plus jamais faim. J'aurais voulu être une machine. Pour ne plus être obligée de manger et pour ne plus avoir le mal de vivre. J'avais recommencé à avaler contrainte et forcée, surveillée comme une délinquante multirécidiviste. Je les laissais croire qu'ils avaient gagné. Je leur ai promis la lune. Mes serments pourrissaient sur ma langue et restaient vains. J'oscillais entre les petits mensonges et les incapacités à entreprendre quoi que ce soit, des petites choses qui m'écorchaient : mettre un maillot de bain, traverser le jardin, les rejoindre à la piscine, et si je ne pouvais pas faire cet effort-là, m'asseoir au bord, tremper les pieds dans l'eau et simplement discuter. Si c'était trop dur, être là, au moins ça. Être. Là.

Les souvenirs sont encore intacts, figés dans ma mémoire traumatique, fantômes immuables qui me taillent le cœur. Je ne restais jamais longtemps, je ne m'asseyais pas avec eux, je les regardais sans dire un mot. Je les trouvais gros dans l'eau chlorée, leurs corps blancs me dégoûtaient et je priais pour ne jamais leur ressembler. Barricadée dans ma prison, je n'avais plus rien à partager, pas le moindre sourire sans une larme à verser, une esquisse presque imperceptible et bouleversée, douloureuse. Je levais les yeux au ciel, le suppliais en silence et me mettais à chialer. Je rentrais lentement dans la maison, à l'abri des regards et du bruit, à l'abri de cette vie que je ne retenais plus et laissais filer au vent. Épuisée par la noirceur qui me mordillait la peau. Jetée à terre, écorchée à genoux, abîmée, démolie. C'était l'horreur tous les jours, il n'y avait que ces repas à avaler encore et encore, le déni comme une bouée, comme autant de moments de répits dérisoires que je m'octroyais pour tenter de sauver la plus petite parcelle de moi, le moindre morceau encore en vie. Ambivalente même dans mes mots, garder la vie et la consumer dans un même mouvement, prise entre le noir et le blanc qui se déchiraient, le corps et le cœur, tiraillée par leurs cris portés d'une seule voix.

J'étais seule ici, seule à me battre, seule à me tuer et je savais pour qui, pour quoi. Je m'enfuyais, ils ne me rattraperaient pas cette fois. Ils auraient pu me ceinturer pour m'empêcher de foutre le camp au lieu de me faire confiance, de dire avec condescendance que « tout ira bien », que tout se dénouera, qu'il faut me laisser le temps et être patiente. Je les haïssais d'y croire et de se laisser berner par mes mensonges qui se voulaient promesses. Je les haïssais de me laisser à mes larmes. Je m'abîmais un peu plus à vouloir leur plaire même si je faisais semblant et que ça ne durait jamais. Je m'effondrais sous le poids du corps qui laisse à mes yeux la brûlure de la rage. Je me disloquais derrière les larmes que ma belle-mère regardait d'un air détaché quand elle ne feignait pas de les ignorer. Ils disaient que je perdais mes cheveux, que si je continuais mes dents tomberaient. Je n'espérais pas mieux, un prétexte de plus pour ne pas manger, des bouillies et des purées, des petits pots pour bébé ça m'irait très bien. Je ne voulais rien d'autre et encore ça c'était de trop, encore trop solide et compact. Même ça je le coupais avec l'eau en cachette. Et j'en pleurais le soir de les avoir avalés. J'en voulais à la nuit qui ne me laissait même plus à la trêve du sommeil pour oublier.

J'avais peur, je déraillais, je me sentais partir. Je me flattais de maigrir si facilement et je pleurais de n'avoir plus la force de rien. Je me félicitais de tenir, de continuer comme si ce n'était rien. Mais j'en tremblais aussi, j'étais sur le point de rompre et je le savais. J'avais peur mais cela me rassurait, c'était la preuve que je ne grossissais pas, que je restais la plus forte. Lorsque je me sentais un peu plus solide, mes repères tombaient les uns après les autres. Alors je resserrais la bride pour retrouver l'état initial et rassurant des vertiges et de la faim. Ne voyant qu'une issue possible, la seule, évidente. Je ne desserrais pas les dents. Je savais qu'ils ne pouvaient plus rien faire, que j'étais perdue, irrécupérable. C'était allé trop loin. Ces mains qui m'asphyxiaient étaient les miennes et je n'avais plus la force de les écarter, j'avais peur de la douleur quand l'air gonflerait mes poumons, de la vie dans le ventre, j'avais peur d'en mourir aussi. J'étais trop atteinte pour me dissocier de mon anorexie. Elle et moi ne faisons qu'un. Le besoin s'était imposé face à la survie, urgent, paradoxalement vital. Je vivais mon anorexie au sens brut, la guérison n'existe pas à ce stade de la maladie. Seule la mort est acceptable et envisagée. Y renoncer et continuer le massacre est ce que j'ai eu de pire à vivre. Passer le cap où tout autour de soi renvoie à l'idée de suicide, à des visions d'horreur, un couteau, une ceinture, une poutre, une fenêtre ouverte ou non, un balcon, une route, un poids lourd, une gare, un fleuve, un accident de voiture, une sortie de route, un mur. J'ai tenu bon pour mon père et pour ma mère.

L'année suivante, je n'allais plus au lycée qu'en pointillé. J'étais à peine capable de supporter les matinées de cours. Quatre petites heures où tournaient en boucle le compte de mes calories, le décompte de mon poids, les objectifs de la journée et les kilos qui restaient à perdre. Des malaises d'anorexique. La faim me forait l'estomac, je me vidais du peu d'énergie que j'avais. Je passais mon temps à l'appeler, la supplier, à la mater jusqu'à ce qu'elle se couche à mes pieds. Je ne supportais pas de l'attendre, je ne la comblais jamais. Je ne pouvais caler mon attention sur rien ni personne, tout était devenu glissant. Je me sentais friable, sur le fil. Je m'évadais à la pause déjeuner, l'équipe pédagogique était au courant et fermait les yeux sur mes absences. Je ne le faisais pas exprès. J'appelais mon père aussitôt le portail franchi. Il était indulgent, n'a jamais cessé d'avoir confiance en moi malgré la peur de me voir si près du vide. Je l'appelais au moins une fois par jour, j'avais besoin de le sentir tout près. De le savoir encore là pour moi. Les trajets silencieux avec lui tous les matins m'étaient précieux, nos discussions graves et importantes, vitales, mon lien avec lui, nécessaire et bienveillant, des regards et des paroles qui signifiaient tout pour moi et laissaient souvent à mes lèvres le goût des larmes. Je pleurais dans la voiture, des larmes sombres, désespérées, mêlées à tout ce qui tournait à l'intérieur et me rongeait le ventre. J'arrivais en cours les yeux rougis. Je ne sais pas ce que mes copines percevaient de moi, au-delà de mon poids, de ma manière de disséquer les aliments, de les peser et de me peser ensuite, de foncer aux toilettes à la fin de tous les repas et de regrimper sur la balance. De maigrir et d'affirmer que ce n'est rien, que ce n'est pas assez. Elles ne disaient rien. L'une des filles de ma classe était fascinée par ma silhouette. C'était l'époque du grand boom du mouvement pro-ana. Loin d'être flattée, je me sentais blessée par son regard sur moi. Son indiscrétion aussi. Les garçons ne me regardaient pas, je n'avais plus rien d'une jolie fille.

Quand on est déjà trop mince, marcher suffit à perdre du poids. J'allais en cours à pied. Je descendais le ventre vide à Saint-Cyprien, remontais la rue de la République ivre, asthénique et blême de culpabilité. Je traversais le Pont-Neuf en courant et sous mon tee-shirt je sentais le vent gifler ma cage thoracique. J'errais dans les jolies rues du quartier Saint-Étienne, continuais vers le Jardin des plantes, les allées Mistral. Je vacillais sur le pont des Demoiselles. Je faisais dix kilomètres tous les jours. Jamais moins, toujours plus. Devant le portail vert de l'avenue de Lespinet, je manquais souvent de fuir. Il n'était pas rare que je rebrousse chemin en direction de la ville. Je quittais le lycée sans délai. Souvent dévorée par la culpabilité d'avoir accepté un morceau de pain, un bonbon. Manger me rendait hystérique et l'angoisse croît avec le poids qu'on perd. Maigrir s'impose pour ne pas devenir cinglée. Liquider les angoisses en brutalisant le corps par les marches forcées sous un soleil de plomb, une pluie coupante, un froid mordant. Marcher au pas de course, sentir les muscles trimer. Mon ventre gargouillait, je le remplissais d'eau, de Coca light. De jus d'orange lorsque je sentais venir un malaise. Je rejoignais souvent une amie, dans un café ou chez elle, son appartement était comme un refuge. Elle m'arrimait au monde quand je partais à la dérive, quand je disparaissais sous l'eau, quand la force de continuer manquait. Nous passions des heures à parler, expier les maux inlassablement, elle tendait ses mains pour me remonter à la surface et m'insuffler l'oxygène. Juste de quoi respirer quelques heures. Mes petites heures de vie. Ses mains m'ont tenue, elle ne le sait peut-être pas. N'en a pas conscience autant que moi. Elles m'ont tenue. Solidement. Même usées, hésitantes avec le temps.

✳ ✳ ✳

Puis, après ces deux années terribles, je suis parvenue à me dissocier de l'anorexie, j'ai accepté l'idée de dualité. Il y avait moi, Aurore, et ma maladie. Elle tenait une place si importante qu'elle m'écrasait de tout son poids et m'empêchait d'exister. Mais peu à peu, j'ai pris conscience qu'il était possible de calmer les souffrances et j'ai finalement accepté que l'on s'occupe du corps, des carences… Tout en continuant de les nier.

Deux médecins me suivaient. L'un en consultation générale et l'autre à l'hôpital. C'est ce dernier que j'avais choisi. Je refusais l'idée d'une thérapie, je n'y croyais pas et je n'en voulais pas. Je pensais encore, malgré tout que l'anorexie me tenait debout. Et je me pensais, me voyais et me ressentais encore trop grosse pour me considérer en danger. Je rêvais. Je (me) mentais.

Les consultations chez ce médecin s'enchaînaient, il acceptait de me prendre sans rendez-vous. J'y allais deux fois par semaine. Mon corps déraillait. Le cœur s'emballait et ralentissait un peu trop. À cela il m'avait répondu « arythmie ». Et ajouté « hypotension orthostatique, asthénie, anémie, acrosyndrome, spanioménorrhée ». Il avait terminé par « IMC inquiétant » et « dénutrition de grade III ». Il m'avait prescrit des analyses, m'avait fait monter sur une balance. J'avais justifié une prise de poids imaginaire par le litre d'eau que je venais de boire. Il me demandait ce que j'avais mangé dans la journée. Je trichais un peu, biscotte et pomme. Lors de chaque rendez-vous, il tentait de me faire rentrer dans le crâne ce qui devrait aller de soi. Le corps et ses besoins, la nécessité de s'alimenter et de garder un équilibre. Il m'avait fait la promesse que je ne grossirais pas si je suivais ses conseils. On parlait nourriture, le seul sujet qui m'intéressait et sur lequel je n'étais jamais à court d'arguments. Je les subtilisais, aiguisais le moindre mot.

Lorsque mon père était allé chercher les résultats, les laborantins étaient gênés. Ils essayaient de savoir si je souffrais d'une maladie grave. Mon bilan semblait critique, le potassium était au plus bas, les globules dans le sang aussi. Un classique dans les troubles du comportement alimentaire. Ils avaient pensé à un cancer en premier lieu. J'en retirais secrètement une grande fierté.

Consulter ces médecins était un premier pas, mais j'étais loin d'être guérie…

Quelque temps plus tard, j'ai décidé d'aller chez ma mère, en disant à mon père que je ne serais pas seule. C'était un mensonge. Elle était partie, et je suis restée livrée à moi-même deux mois durant. J'ai passé du temps allongée dans mon lit, à compter les pulsations, plongée dans le noir. Le cœur hésitait, je retenais mon souffle entre chaque contraction. La nuit, la faim me réveillait comme une fièvre, impatiente. Elle tirait une corde depuis l'estomac jusqu'à la gorge, elle s'accrochait et attirait tout, le sang, la langue, elle creusait les joues, enfonçait mes yeux dans leurs orbites.

Quelque chose me gênait dans ma peau, d'indescriptible, d'impossible à situer. Hypoderme sous couche adipeuse et en deçà. J'avais retourné le miroir face contre le mur. La culpabilité trottait dans ma tête à longueur de journée. Alors qu'il ne restait plus rien à creuser. Ce quelque chose était partout et nulle part, il n'était pas un chiffre particulier, il était l'angoisse. Le chiffre, j'avais oublié. La limite n'existait pas, il n'y avait aucun poids butoir, ni aucune date. Aucun miroir ne m'attendait au tournant, aucun regard non plus sauf le mien. Il n'y avait pas de crise, pas le plus petit excès. En théorie, rien ne clochait. Tout était bien réglé. Et pourtant je n'étais pas à l'aise là-dedans, la culpabilité se déplaçait sous la peau, mon ventre était gonflé et mes cuisses aussi, du moins j'en avais l'impression. Et ça suffisait à m'empêcher de penser, de travailler, de dormir, de vivre et d'aller de l'avant. La colère se répandait dans mes doigts, elle s'élèvait impérieuse et en dépit de ma raison, elle s'emparait de tout le corps, de la gorge, des doigts, index majeur, l'estomac révulsé et mon ego aussi. Huit kilos envolés. Huit kilos que mes yeux refusaient de voir et mes mains de sentir. Le miroir me disait que ce n'était rien. Rien comparé au chemin de graisse qu'il restait entre les os. C'était comme si je n'avais rien perdu, rien, même pas 100 grammes. Point zéro.

J'ai fini par plier. Je ne savais plus où aller, je ne sortais de chez moi que pour faire les courses, remplir le frigo au cas où. Et ne manger que lorsque je le jugeais nécessaire, ranger méthodiquement du haut vers le bas, du plus liquide au plus solide : canettes de Coca-Cola light par dizaines, thé glacé, lait écrémé, yaourts sans matière grasse, sachets de salade, pommes. Des haricots verts parfois, dans de petites boîtes de conserve vendues par lot de trois. Des épinards, des courgettes. Le vert et le blanc ne craignent rien. Je soupèse, compte, marque tout dans un carnet qui ne me quitte plus. Ne pas toucher au lait, laisser la salade et les épinards. Vider les canettes une à une, ne plus avaler que cela. Détruire les muqueuses, provoquer l'ulcère.

On avait parlé à mon père de quelques « psys » dont on disait le plus grand bien. La première était en vacances, elle était spécialiste, en voyait défiler tous les jours, « elle *les* connaissait par cœur », disait-on, en gardait quelques-unes de longs mois dans la vingtaine de chambres d'une clinique à la campagne. J'ai accepté de voir quelqu'un, de parler du bout des lèvres, pas plus. Je me sentais traquée et on me demandait de passer aux aveux. On voulait me sortir de là mais je ne voulais d'aide de personne. Je m'estimais assez forte pour y arriver seule lorsque je l'aurais décidé. Je me disais que tout allait bien. Tant que je maigrissais, tout allait bien. Je me savais en sursis. J'étais mal, je passais des nuits blanches à suivre l'arythmie de mon cœur, j'avais peur de mourir, j'avais des vertiges qui faisaient tout valser autour de moi, et cette fièvre. Je me réveillais au milieu de la nuit, le cœur prêt à sortir de ma poitrine, j'allais à la cuisine boire un verre d'eau où se diluait un morceau de sucre, je mangeais un peu pour calmer la crise, sans ça je tombais. Je n'allais plus en cours et mes parents ne me disaient rien. Ils se souciaient surtout des épreuves de français du bac qui approchaient.

J'avais finalement choisi un médecin addictologue qui consultait dans un petit hôpital de ville. L'étape avant une vraie prise en charge psychologique et médicale. Il surveillait surtout mon état de santé, il me mettait en garde. Il a fini par me garder quelques jours dans son service pour faire des analyses approfondies et me perfuser. Je n'avais pas ouvert ma valise que, déjà, un nutritionniste me demandait de la vider, de ne garder que les vêtements, de lui montrer ma trousse de toilette, de donner les médicaments dissimulés dans la poche d'un pantalon. Il racontait une genèse de la maladie à ses internes qui me regardaient comme une bête curieuse, leur disait de se méfier des anorexiques en désignant mon sac, qu'à la différence des boulimiques elles taisent tout de leur mal-être et de leurs troubles, qu'elles ne viennent ici qu'en dernier ressort, sous la contrainte, à l'inverse des boulimiques qui se confient plus, viennent les voir pour avouer, se délester de leurs symptômes source de honte. Intérieurement je rigolais de le voir leur raconter de telles absurdités sur un ton trop théorique, avec son stylo et mon dossier, sans rien connaître de moi. L'un d'entre eux est venu me poser quelques questions, il voulait présenter mon cas clinique lors de ses prochains cours.

Là-bas j'ai perdu deux kilos de plus et manger était la source d'angoisses insurmontables, exacerbées. Seule chez moi je survivais, je mangeais le strict minimum. Seule je me savais en danger, je faisais attention à manger un peu. Je ne tolérais la nourriture qu'avant de tomber inconsciente. À l'hôpital je ne pouvais plus, les médicaments en intraveineuse, le sucre, les nutriments qui circulaient, fluides, suffisaient. Je passais mes nuits à pleurer pour un morceau de poulet, un petit bout d'omelette, des grains de sucre dissous dans le thé. La diététicienne m'avait pourtant accordé la faveur des menus allégés qu'elle ne réservait qu'aux patients en surpoids. D'ailleurs cette faveur-là me faisait dire que j'avais encore de la marge, sinon elle m'aurait obligée à prendre des plateaux normaux. Cela me confortait dans l'idée que je n'étais pas si maigre qu'on me le disait. En réalité, elle préférait me donner des aliments maigres parce qu'elle espérait que je les mange sereinement : un yaourt à 0 % contient du calcium même s'il est pauvre en calories, et par expérience elle savait que je le tolérerais. À mon arrivée elle m'avait dit d'un air indulgent que je n'étais pas obligée de finir mes plateaux mais de faire l'effort de manger « même si c'est difficile », et de ne pas m'angoisser si je n'y arrivais pas, « c'est normal au début ». Ses paroles m'avaient rassurée mais vexée : même si elle comprenait mon problème, elle remettait en cause mes capacités à m'en sortir seule, elle remettait en question l'emprise que j'avais sur mon corps en sous-entendant que justement je ne maîtrisais plus rien. Elle n'avait pas tort et dans mes ambivalences je le savais bien, mais mon orgueil d'anorexique en avait pris un coup. Ritualiser les repas plus encore que chez moi, remplir sans tricher les fiches alimentaires avec une infirmière pour vérifier, compter une dernière fois, noter dans mon dossier, en toucher deux mots au docteur. Mentir aussi, cacher le pain dans la table de nuit, y aligner les compotes, les yaourts, le beurre et les jeter à la poubelle une fois dehors. Ne garder que les sachets de sel pour la tension et de sucre pour la glycémie. Et encore. Monter sur la balance le matin dans la salle des examens, la porte grande ouverte et moi en sous-vêtements, « parce qu'un corps comme ça n'est pas pudique », me dit-on.

Je refusais encore l'idée de la maladie au point d'en nier les troubles, de dire que tout allait bien. Pourtant j'étais là, au troisième étage et, dans les chambres voisines, des filles pleuraient comme moi. Au petit matin on se croisait dans les couloirs, habillées maquillées, se lançant des sourires de façade dans l'ascenseur et des coups d'œil pour se comparer. On allait vers nos marches forcées, une bouteille d'eau dans les bras.

✳ ✳ ✳

211

L'anorexie a été mon point d'ancrage, mon retrait du monde, plus que vital. Mon mécanisme de défense en milieu hostile. Je ne regrette pas ces années entre parenthèses. Quand je vois où elles m'ont menée, je sais que derrière cette folie se tramait autre chose, que toute cette douleur, que cette colère venait de bien plus loin. Je n'aurais jamais eu la force de regarder en face le sordide de mon enfance. Tout ce que je n'ai pas encore dit et avec quoi je dois apprendre à vivre. Je ne me suis jamais octroyé le droit de parler de ma souffrance, de celle qui s'engouffre dans la brèche relationnelle des familles décomposées. Des relations perverses qui s'y sont tissées. Je me suis sentie fille de divorcés, fille de l'ex, écartée, mise au ban. Puis bâtarde. Je ne me suis jamais octroyé le droit de parler de mes souffrances. De la force avec laquelle j'aurais pu me jeter du sixième étage. Sans vous l'avouer, vous m'avez ôté la parole.

Avec le temps, on évolue. On vit avec la maladie, mais elle ne nous apprend rien. On tombe dans les mêmes pièges, complètement crédules. On y croit, même si au fond on sait que sept ou huit kilos en moins ne calmeront pas la haine de soi. La culpabilité creuse sa niche sur ma peau, nécrose le cœur. Elle naît d'une longue étreinte avec mes os. Elle ne va nulle part, ne me mène qu'à ma perte. Je suis lucide mais je n'ai pas les armes pour me combattre. C'est la matière, le cycle digestif qui me coupe la respiration. C'est l'imperfection, ça reste sale. Cette saloperie contrôle tout. Elle revient à la charge au moindre signe de faiblesse. Avec le temps, l'anorexie ne pardonne pas. On ne guérit pas vraiment mais on apprend à vivre avec, on fait en sorte de manger, de vivre plus sainement. On s'impose des règles d'hygiène élémentaires que l'on tente de suivre mais ça ne dure jamais. Les tentatives de se sentir bien tombent à l'eau les unes après les autres et l'exercice consiste à ne jamais renoncer. Souvent, encore, je renonce. Mon équilibre est précaire. Je suis encore sur ce fil ténu. La mer est déchaînée mais je tiens plus que jamais la barre de mon navire.

Aujourd'hui je crois pouvoir dire que ça va, j'ai repris du poids, j'ai retrouvé mes forces. Ma tension ne dégringole plus, mes carences et ma kaliémie ne sont plus à surveiller. Mais la maladie est toujours très présente, elle n'a jamais faibli, ne m'a jamais laissée en paix. Elle entache beaucoup de choses, fait obstacle à tout et n'importe quoi, ce que réserve le quotidien. Une simple remarque sur mon poids, sur mes courbes retrouvées, ma santé, ma mine radieuse, des vêtements qui me flattent, la plus petite remarque suffit à me faire éclater en sanglots. Car je n'accepte pas mon corps tel qu'il est maintenant, je n'accepte pas le poids, les formes, l'allure. Les remarques sont pires que mon reflet dans le miroir ou le verdict de la balance. Aujourd'hui je me souviens avec une précision infinie de tout ce qui a pu m'habiter dans l'émotionnel et dans le corporel. Je me souviens de la douleur des os sous la peau. Mes côtes contre le matelas, la circulation du sang coupée, les fourmis à cause de la couverture trop lourde, réveillée au milieu de la nuit, me lever plusieurs fois et faire les cent pas dans le couloir pour les faire partir. Mes mains qui encerclaient les cuisses, mes mains qui mesuraient les poignets, les bras, plusieurs fois par jour pour me rassurer. La sensation du corps à porter, sa lourdeur. Je me souviens de la fatigue, infinie, du vide qui remplissait tout et du froid. Le poids repris malgré moi ne m'a sauvée de rien et je n'en ai pas fini avec mes démons. Je fuis toujours les miroirs pour l'image qu'ils me renvoient. Aujourd'hui comme à l'époque je me vois toujours avec trois ou quatre kilos de plus que dans la réalité. Mais je ne pleure plus de rage au-dessus de la balance. Aujourd'hui, je vis avec. Et je m'en sors assez bien.

L'anorexie est une personnalité d'emprunt, la mienne est restée collée comme une seconde peau. Je ne m'imagine pas vivre sans. Mais il a fallu avancer, parce qu'elle devenait invivable. J'ai viré tous les produits light de mon frigo, de mes placards et de ma vie. Et je me suis stabilisée, enfin, à un poids qui me convient. Peut-être trop bas, mais avec lequel je vis sereinement et sans trop y penser. J'ai renoué avec une alimentation saine et variée, quoique encore insuffisante. Souvent lorsque je suis seule, je baisse les bras et me replie sur ma faim. Dans les supermarchés, les mêmes hésitations me reviennent, mes allées et venues dans les rayons, le panier vide, me désarment. Je tombe d'un peu plus haut. Alors que j'avais le sentiment, la certitude que ça allait mieux, que mon corps et ma tête s'étaient enfin égalisés. Seule devant mon assiette, je n'ai envie de rien. Ce n'est pas une question de poids, de quantité, de matière grasse, de miroir, d'os. L'anorexie m'a coupé l'appétit pour une vie entière. Je me surprends parfois à faire des va-et-vient entre le salon et la cuisine, indécise puis butée, assommée par des « ce soir je ne mangerai pas » qui durent quelques jours. Dans ces moments-là, je sens la rechute poindre et l'angoisse me tenaille. Ces renoncements sont l'écho d'une perte de contrôle, ils me tétanisent. J'ai changé. Je suis encore la proie de quelques petits symptômes. Je ne peux pas manger ce que je veux en quantité normale. Mes assiettes ne sont qu'à peine remplies. Je grignote parce que j'arrive très rapidement à satiété. J'ai une digestion difficile et lente, parfois douloureuse, et cela m'inquiète. C'est normal, me disent les médecins. Même après une année et demie d'abstinence. Je dis bien d'*abstinence*. C'est cela dont il est question. Je ne suis pas tout à fait guérie, je vais juste beaucoup mieux. L'anorexie m'a rendue indépendante dans mes choix, je les assume. Ne plus manger, c'était prendre mon corps en main et par ce biais ma vie, la modeler à souhait. Aujourd'hui, je n'ai plus besoin de l'appeler à mon secours pour avancer. Parce qu'il est nécessaire un jour de lâcher prise. J'ai longtemps creusé les ornières avant d'avoir compris que, pour avancer, j'allais devoir rendre mes armes. J'ai laissé la vie reprendre le flambeau pour que quelque chose d'autre puisse advenir. Doucement je me suis retrouvée. Tout ce que je pensais avoir perdu avec la maladie, tout ce qui me définissait et donnait cette couleur unique à ma personnalité, je l'ai retrouvé. Aujourd'hui, j'existe. Et je respire enfin.

Je remercie Lionel d'être celui qu'il est, sans le regard duquel je n'aurais pu me hisser si haut. Je le remercie de bouleverser mon existence ; et la vie, d'avoir permis à nos chemins de se rencontrer. Mon père et ma mère, d'être présents quoi qu'il advienne, cela malgré mes trop nombreuses chutes ; leur amour de parents qui me porte. Marie-Annick et Élisabeth, qui m'ont soutenue et encouragée à franchir les étapes qui marquent une vie, m'ont appris à refuser le mépris ordinaire et à dire non sans craindre les retours de claques. Nathalie et Sandrine, d'être apparues dans ma vie et d'y être restées, malgré mes absences ; d'avoir cru en moi. Julien, d'avoir si bien gardé mes secrets. Mes fées, grâce à qui tant de choses ont pu éclore. Ma famille de cœur. Et ma psy, pour les ficelles tirées, les mots posés sur l'indicible et le sens rendu à mes fêlures.

Bibliographie

APOLLINAIRE Guillaume, « Nuit rhénane » *in Alcools*, Gallimard, 1996.

BOURAOUI Nina, *Le bal des murènes*, J'ai Lu, 2009.

DEBRAY Régis, *L'œil naïf*, Seuil, 1994.

DA SILVA, « La Muraille », album *De beaux jours à venir*, Tôt ou tard, 2007.

KORCZAK Janusz, *Quand je reviendrai petit*, traduction Z. Bobowicz, coéd. Laffont/UNESCO, coll. « Réponses », 1979.

Sommaire